在24年の
仏政府公認ガイドが
こっそり教える

パリ
を旅する虎の巻

Ryoko Paris Guide

Prologue

はじめに

"Ajoutez deux lettres à Paris : c'est le paradis."
「パリに2文字足せばパラディ（天国）だ」

Jules Renard（ジュール・ルナール）

　私が初めて一人でパリの石畳を踏んだのは、かれこれ四半世紀前、新世紀が始まる直前でした。当時はまだインターネットは普及しておらず、スマホなどもちろん存在しませんでした。

　初めてフランス留学をした1998年当時、日本へは「テレキャルト」というテレホンカードを使って「キャビン・テレフォニック」と呼ばれる公衆電話ボックスから連絡をしていました。今、まさに「電話ボックス」という死語を思い出すと同時に、忘れかけていた記憶の扉が開き、「公衆電話の中に充満したタバコと体臭の混ざった不快な臭い」を強烈に思い出します（笑）。

　電話ボックスに入って、鼻で息を吸わないように注意しながら手帳を開き、電話番号を検索する。テレキャルトの度数がなくなって「ピー!」と鳴る前にカタコトのフランス語で急いで会話を終わらせる。そして必ず手帳サイズのパリの地図と「キャルト・オランジュ」という写真付きのケースに入った紙のメトロの定期券を持って出かける…。パリ暮らしを始めた当時のそんな習慣が、いつの間にやら毎日の生活から消えていたのでした。

　パリの街並みは100年以上前から変化していないのですが、この四半世紀で変わったことはたくさんあります。中でも最も生活に劇的な変化をもたらしたものといえばインターネット、便利なアプリの数々ではないかと思います。

　今はインターネットやSNSで、「パリ」と2文字を打てばあらゆる情報を得ることができます。Instagramで「パリの雑貨屋さん」「パリのかわいいお店」「パリのレストラン」とハッシュタグで検

索すれば、アルゴリズムで選別された素敵な写真やショート動画が洪水のように溢れ出てきます。印刷されたガイドブックと違ってリアルタイムの情報を収集することができ、もはや重い本を持ち歩く必要はありません。歴史やモニュメントについても、ウィキペディアで検索すれば基本情報はものの数分で得ることができるので、観光ガイドはもはや用無し。スマホで自動翻訳機を使えば通訳も不要、外国語を習う必要もありません。

私自身、旅行先では地元の人々のおすすめの他にはＧｏｏｇｌｅマップやTripadvisor、TheForkといったアプリで利用者がレヴューに投稿した写真やコメントを参考にレストランを選びます。つまり、現代人の旅行は「スマホ1台あれば他は何もいらない」ということになります。

ではなぜ、わざわざ『虎の巻』とノスタルジックな題のガイド本を書いたのかというと、私は書籍ガイドブックが大好きだからです（笑）。中学生の頃から、よく本屋さんで「立ち読み空想旅行」のイメージを膨らませていました。

そして昭和生まれの私は小さなスマホの画面で表示される数秒間の動画よりも印刷された異国の情報にロマンを感じますし、旅行の際にはガイドブックと紙の地図を持ち歩きます。

フランスで出版されている「読むガイドブック」は、旅のお役立ち情報とともに歴史やその土地の習慣、建築様式や郷土料理についてなどが豊富に書かれ、写真よりも文字が多く、出発前の予習に、帰宅後の復習に読むことができ、旅先の土地への理解が深まるものです。

今回私なりの「読むガイドブック」を書こうと思い付いたのは、2023年の春、4年ぶりに日本に帰国してパリに戻った際に「ミニカルチャーショック」を感じたからでした。

カフェで、スーパーで、道を歩きながら…今まで何も考えず自然にしてきたパリでの行動様式が、日本とは「あ、全然違うんだな」と改めて実感したからです。

今まではそれほど長いブランクを空けずに帰国していたので「日本モード」と「パリモード」のスイッチの切り替えがもう少しスムーズにできていたのかもしれません。でも、そんなミニショックを受けて、「ましてや、言葉も話せず、対極の国民性の国に初めてやってきた旅行者なら、かなり動揺してしまうのではないか」とイメージできたのです。そこで、旅行者が知らない「パリジャンの日常の当たり前」をピックアップして解説してみようと思い付きました。

「郷に入っては郷に従え」「ローマではローマ人のするようにせよ」という同義の諺は世界中にありますが、何もかも「パリジャンと同じように」振る舞うのは不可能です。でも、「パリジャンて、こんな風に行動するんだ。なぜなら…」と知ってもらえたら、少なくともカルチャーショックでパニックに陥ることはないでしょう。まるでパリジャンのようにパリで快適に過ごすためのイメージトレーニングのお手伝いができるのではないかと思ったのです。

このお節介なおばさんガイドの『虎の巻』では、SNS上や書籍でも特集される「パリのおすすめレストラン」「かわいい雑貨屋さん」といった完全制覇ガイド的な情報はあえて載せていません。

本書では、24年在住のパリ政府公認ガイドRyokoならではの、SNSでは伝えきれないパリのリアルな裏話や、歴史トリビアをふんだんにまぜ、またこれまでにガイドとして迎えたゲストやYouTubeの視聴者から寄せられた質問を参考にしつつ、治安やドレスコード、マナー、移動術やトイレ事情など、重要なのに意外とどこにも載っていなかったことも盛り込み、さらにパリを愛してやまない私がお伝えしたい旅のエッセンスをギュッと詰め込んだ「エッセイ・ガイド本」です。旅行前の心の準備、イメージトレーニングのお役に立てれば幸いです。

Ryoko Paris Guide

Sommaire

はじめに ………………………………………………… 002

1章 パリ滞在の基礎知識

移動術

パリは歩ける小さな大都市 ……………………………………… 014

Flânerフラネ＝ぶらぶら歩く ………………………………… 016

RATPのあだ名は「自分の足で帰宅しろ」 ……………………… 017

バスの利点と注意点 ……………………………………………… 019

メトロに乗るなら「乗り換え」はしない ……………………… 020

街の距離感をつかんで歩く ……………………………………… 022

必見モニュメントTIPS ………………………………………… 034

    コラム　必須作品を1時間で回る　ルーヴル王道コース …… 043

    コラム　パリらしさを味わうならモンマルトル ……………… 046

治安

日本人は狙われやすい？ ………………………………………… 062

スリ・置き引き・ひったくり …………………………………… 063

最近の被害例 ……………………………………………………… 063

話しかけられたら「泥棒」と思え ……………………………… 065

人混み＝スリがいると思うべし ………………………………… 066

西にお金持ち、東に庶民が住む ………………………………… 067

絶対に近寄らないでほしい北東部 ……………………………… 070

トイレ事情

渡航前に「空気椅子トイレ」の特訓を！ ……………………… 073

教育施設にも便座がない ………………………………………… 074

まれに見かける「トルコ式トイレ」 …………………………… 076

清潔な公衆トイレが少ない ……………………………………… 076

コラム パリの公衆トイレの歴史 ……… 079

いざという時の強い味方「カフェ」 ……… 084

ファストフードのトイレはコード式 ……… 087

いざという時のデパート ……… 088

入場無料の美術館・博物館を利用する ……… 094

必見モニュメントの有料トイレ ……… 100

宿泊エリア選び

ツーリストに理想的なエリア ……… 104

狙い目の穴場エリア ……… 104

リーズナブルなパリ近郊エリア ……… 106

民泊するなら、商店街エリア ……… 109

おすすめの商店街 ……… 111

2章 パリで 食べる・飲む

食を愛することは、人生を愛すること ……… 132

「美食大国」の歴史は浅い ……… 133

レストランは「胃を修復してくれる店」 ……… 134

グルメ旋風を巻き起こしたテレビ番組 ……… 135

飲食店で最も高級なのは「レストラン」 ……… 137

高級レストラン誕生の歴史 ……… 138

量が多く値段も高めな伝統的ブラッスリー ……… 141

歴史的モニュメントとして訪れたい老舗ブラッスリー ……… 143

庶民的な「ビストロ」 ……… 146

ビストロの歴史 ……… 147

「ビストロノミー」の出現 ……… 148

新たな大衆食堂「ブイヨン」 ……… 149

ブイヨン誕生の立役者 ……… 150

老舗ブイヨン	151
進化系ブイヨン	152
パリジャンの憩いの場「カフェ」	153
カフェで世界を一新する	153
「パリ流カフェ」の定義	154
「ツーリストの罠カフェ」にご用心	155
カフェと「サロン・ド・テ」の違い	157
カフェでケーキを食べる裏技	158
老舗の「サロン・ド・テ」	159
高級パティスリーの大衆化	159
カフェではメニューを見ずにオーダー	160
朝食はホテルよりカフェがおすすめ	161
大人のバーの愉しみ。手の届くリュクス	163
シェアはマナー違反	164
食べきれなければ「持ち帰りOK」	165
女性のひとりごはんなら	166
「子連れ客」は歓迎される？	169
知っておきたいレストランマナー	172
日本の飲食店にあってフランスにないもの	175
フランスの飲食店にあって日本にないもの	176
コラム カフェ定番のドリンクメニューリスト	180

3章 パリで買う

パリのお土産おすすめセレクション	193
パリ流の暮らしを楽しむ「スーパー」事情	199
パリのスーパーあれこれ	200
スーパー界のスーパースター、「モノプリ」	202
パリで人気のオーガニック・スーパー	203
急増中のコンビニ的ミニ・スーパー	205

ママ友も大好きモノプリの活用術	206
日本のスーパーとの違い	208
スーパーでの注意点	212

4章 パリの服装

大多数のパリジェンヌは非常にラフ	221
スリ・ひったくりに遭わない服装	222
高級ブランドは持ち歩かない	223
いつでも走れる靴を履く	227
スリ対策のバッグ選び	228
毛皮＆フェイクファーはNG？	231
教会に入る時は「肩出ししない」	232
値段や星ではなく店の雰囲気で服装を選ぶ	233
パリのランチコーデ	237
パリのディナーコーデ	238
ソワレには「黒ワンピ」が1着あればいい	241
ちょこっと露出＆光沢感を足す	242
パリで好まれる露出とNGな露出	245
ミニスカートは「性的イメージ」が伴い危険	248
コラム　フランスの女性解放とスカート観の変遷	250
季節と温度に合わせた服装	255
コラム　旅のおすすめベストシーズン	265
コラム　チップ事情	268
コラム　絶対に覚えたいフランス語	272

| パリMap | 273 |
| おわりに | 284 |

＊本誌に掲載している情報は2024年9月30日現在のものです。
　旅行前に最新の情報をお確かめください。

1章

パリ滞在の基礎知識

Informations utiles pour séjourner à Paris

- 移動術
- 治安
- トイレ事情
- 宿泊エリア選び

知っておきたい
パリの日常 TIPS

Conseils parisiens au quotidien

No.1
カフェでサクッと お茶するなら、 「カウンター」で

カフェの席で飲んだら平均3.2ユーロのコーヒーが、カウンターなら1〜2ユーロで飲める。店員さんに「ボンジュール！」と挨拶して「アン・エスプレッソ・シル・ヴ・プレ」と注文すれば、常連さん気分が味わえる (→P126)。

No.2
タルティーヌは コーヒーにダンクが 常識

バターを塗ったバゲット（タルティーヌ）をコーヒーに漬けて頬張るのが、パリジャンらしさを感じることのできる至福のひととき。朝ごはんもぜひカフェで！ (→P162)

No.3
カフェでは「メニュー」を見ずにオーダー

おフランスではどこのカフェも置いてあるものが一緒。オーダー待ちすることも多いので、あらかじめリストを頭に入れておき、着席と同時に頼めば、手っ取り早くてスマート（→P160・180）。

No.4
コーラもペリエも「アヴェック・ロンデル・ド・シトロン」

Un Perrier rondelle, s'il vous plaît.「アン・ペリエ・ロンデル、シル・ヴ・プレ／スライスしたレモン入りのペリエをください」とオーダーすれば、無料で入れてくれる（→P185）。

No.5
カフェにパティスリーのケーキを持ち込む

パティスリー（ケーキ屋さん）は基本的にイートインができず、テイクアウトのみ。有名パティスリーそばのカフェや、同じものを置いていないカフェでは、ケーキやクロワッサンを持ち込みOKなことが多い（→P158）。

1章 パリ滞在の基礎知識―移動術

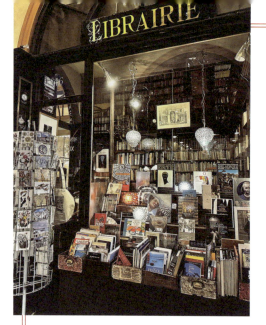

No.6
時を忘れるパッサージュで、隠れ名店を探す

パリには、19世紀のアーケード商店街、パッサージュが残っており、レトロ好きなパリジャンたちに愛されている。パリジャン気分でそぞろ歩いて隠れた名店を発見しよう。写真はギャラリー・ヴィヴィエンヌの古本屋さん(→P32)。

No.7
民泊するなら商店街エリアがおすすめ

中でも、BOBOと呼ばれる若い富裕層に人気な、アベス通り、マルティール通り、ルピック通り周辺の商店街は、パリの活気と、パリジャンたちの暮らしを垣間見ることができる(→P111)。

No.8
飲食店の最新トレンドは「ネオ・ブイヨン」

値段が安い「大衆食堂」でありながら、美味しい料理を堪能できると連日行列なのが「ブイヨン」。中でもブイヨン・ピガール (Bouillon Pigalle) は、「進化系ブイヨン」として大人気 (→P152)。

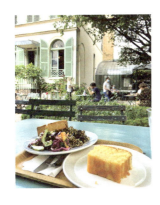

No.9
女性のひとりランチならミュゼ・カフェ

ロマン派美術館のカフェ（写真）や、ジュ・ド・ポーム国立美術館に入っているローズ・ベーカリーなど、美術館にあるカフェは、一人でも入りやすくヘルシー志向のメニューが豊富 (→P167)。

No.10
パリには清潔な公衆トイレがない

パリには、無料で清潔な公衆トイレがほとんどないが、カフェやデパート、美術館、必須モニュメントなどのトイレの場所を知っておけばいざという時に怖くない。写真はシテ島にある老舗カフェ。地下にトイレあり (→P101)。

移動術

Comment se déplacer à Paris

パリは歩ける小さな大都市

"Paris est tout petit pour ceux qui s'aiment, comme nous d'un aussi grand amour."
「私たちみたいに好いた同士にはパリは狭いわ」
『天井桟敷の人々』(マルセル・カルネ監督、ジャック・プレヴェール脚本) より。

　初めてパリを訪れる方に声高に叫びたいことがあります。それは「どんどん歩いてください!」ということ。パリはヨーロッパの中心、フランスの首都ですが、非常に小さな町で、面積はたったの105㎢です。

　19世紀、ヨーロッパで孤立していたフランスは外敵から首都を守るべく、中世の要塞都市のように町をグルッと囲む「ティエールの城壁」を建設します。1870〜1871年に起きたプロシア(ドイツ)との戦であっけなく突破されただけではなく、逆にパリジャンを封じ込める壁となり、パリは巨大な牢獄と化しましたが、1919年、第1次大戦の勝利の後城壁は解体され、第2次大戦後の車社会の到来に伴って、城壁の跡をなぞるように環状道路の建設が始まり、1973年にBoulevard périphérique(通称Le Périph/ル・ペリフ)が完成します。

　ル・ペリフの長さは35kmなので、東京の山手線の円周(34.5km)とほぼ同じ。東西は18km、南北は9.5kmの楕円形になっています。ル・ペリフの中が、パリ・アントラミュロス(塀の中の

パリ）と呼ばれるパリ市で、1〜20区に分割されています。世界の大都市と比べると、ニューヨーク（12234㎢）、ロンドン（1572㎢）の10分の1以下、東京23区（627㎢）の6分の1以下です。►地図P273。

　パリの西端にあるポルト・マイヨー（ポルトは門という意味で、かつての城壁の門を指します）から、東のヴァンセンヌの森の入り口、ポルト・ド・ヴァンセンヌまで、徒歩で2時間半で横断できます。北のポルト・ド・ラ・シャペル（絶対に近づいてはいけない超危険ゾーン）から南のポルト・ドルレアンまでも2時間ほど。歩ける大都市、それがパリです。

　以前ロンドンでスマホもGoogleマップもなく地図だけを頼りに「ぷらぷら歩いて町の雰囲気を楽しもう」と、パリと同じ感覚でバレエシューズで丸一日歩き回ったところ、あまりにも広くて痛い目に遭いました。ロンドンもニューヨークも東京も、観光エリアは拡散しているので、全て徒歩で制覇するのは難しいのですが、パリではそれが可能です。「ザ・おパリ」な観光スポットや街並みは非常に狭いエリアに集中しています。

　「塀の中のパリ」は20区ありますが、「ザ・おパリなエリア」は、ほぼ1区から9区の中にあります。エッフェル塔を高台から見るために16区、モンマルトル観光で18区、若者に人気のサン・マルタン運河に行ってみたいということであれば10区に行くことはあるかもしれませんが、いずれも1〜9区の境界線に近い部分であり、初めての観光ならこの9つの区の円から遠く離れることはありません。

　パリが現在の20区に拡大したのは1860年。長いパリの歴史の中ではつい最近のことで、それまでは12区に分割されていました。1860年以前のパリの境目は現在でもはっきりと見ることができます。地下鉄の2号線と6号線をつないだ円は、1860年以前のパリと市外の境目をなぞっています。この2線のメトロの外側はパ

リ市外の「のどかな村」でした。つまり、華やかなパリを象徴する歴史的モニュメントはこの枠の中にあることになります。

　余談ですが、現在のパリの1〜20区の数字の割り当て方と、1860年以前の1〜12区の割り当て方は違っていました。現在はルーヴル宮殿がある1区からエスカルゴの殻の形に、グルッと右回りで外側に数が増えていきますが、以前はシャンゼリゼ・凱旋門がある区域が1区で、西洋での文字の読み方と同じように、左から右（西から東）、上から下（北から南）という割り当て方でした。

　ところがこの方法で町を拡大していくと、西のハズレのシックなパッシー村に、悪しき数字「13」が割り当てられます。パリ市が全12区だった1860年以前のパリでは、「13区で結婚したカップル」とは、当時は不謹慎だった「事実婚カップル」という意味でしたし、キリスト教の伝統でも13は縁起の悪い数字です（最後の晩餐で13人目のユダの裏切りによりイエスが処刑されたとされるため）。パリは伝統的に「西に富裕層、東に庶民」が住む町ですので、西のお金持ちの人々が「13なんてごめんだ！　縁起が悪い！」と、この割り当て方法を拒否したのでした。というわけで、不吉な13という数字は労働者階級が住む東のエリアに当たるように、現在のような右回りのエスカルゴ式の数え方が考案されたのです。

　この1860年以前にパリ市外だった枠の外には（モンマルトルを除いて）、主な観光スポットはなく、パリジャンの住宅地や商店街、もしくは墓地や広い公園があります。ですから、初めてパリを訪れる方、リピーターだけどショッピングや観光をゆっくり楽しみたい、という方にはこの枠の中だけで十分だと思います。

Flânerフラネ＝ぶらぶら歩く

　そして歴史的なモニュメントや美しい街並みがギュッとコンパクトに詰まったパリほど、歩く観光に適した町はありません。フランス語にはFlâner（フラネ）という言葉があります。特に目的

もなく「ぶらぶら歩く」という意味です。このカオスな町を歩いて20年以上たちますが、未だにぶらぶら歩きをすると「いろいろあるけど、やっぱり憎いくらい素敵な町だな」と感動します。何十回も通った道なのに初めて建物のファサードの美しさに気づいたり、知らなかった道や広場を発見したり、道と道の間からエッフェル塔が見えて嬉しくなったり、誰も知らない「映える」スポットに出会って幸せな気分になったり、昔からあったはずのお店のウィンドーに初めて気がついてフラッと入ってみたり、ふと建物の記念碑が目に入って読んでみると、歴史的事件の現場だったり、偉人が住んだ建物だったり…。歩けば歩くほど、そして観察すればするほど、パリは重い秘密の扉を「ぎぃ〜ッ」と開けてくれるような気がします。

RATPのあだ名は「自分の足で帰宅しろ」

「パリは歩くべし！」と強調する理由の一つは、メトロやバスはなるべく利用しない方が時間を有効に使えるからです。「メトロで早く移動できる方が時間を有効に使えるのでは？」と思われるかもしれませんが、パリ中を網羅しているメトロやバスといった公共交通機関は、きちんと機能すればとても便利なのですが、ストや故障、事故に加え、ホームに不審物があると爆発物ではないかを確認するためにしばらく運行が停止します。これが日本では考えられないほど頻繁に発生するのです。

RATP（パリ交通公団）のあだ名は、Rentre Avec Tes Pieds.（自分の足で帰宅しろ）です。Ｇｏｏｇｌｅマップでは、メトロで5分となっていても、実際に乗ろうとしたら遅延、運行停止。歩いた方が早かった…ということは日常茶飯事です。何もないことの方が珍しい、これがパリの公共交通機関のリアルな実情です。

またここ数年パリ交通公団は人手不足に悩み、本数が激減していつ利用しても満員という線が何本もあります。そしてメトロが

混雑すると、満員電車のプロである我々日本人には理解できないカオスが発生します。扉が開いた瞬間、下車する人を待たずに我先にと乗り込むので、駅を出発するのに余計な時間がかかり、遅延がますます膨れ上がるのです。

そしてメトロの中が混雑すればするほど、スリの被害に遭う可能性が高くなることは言うまでもありません。ケンカの発生率も上昇します。「もっと奥につめて！」「もうこれ以上乗れない！」「押さないでよ！」から始まり、（日本で言うなら「お前の母さんデベソ」的な）ありとあらゆるフランス語の罵詈雑言が飛び交います。この幼稚園児のようなケンカは頻繁に発生するのですが、他の乗客が止めに入ったり、バスなら運転手さんが「いい加減にしないと発車しないぜ」と脅したりします。

RATPの乗車券のシステムもまた非常に複雑で、「どのパスを使うのが得なのか？」「どのカードにどのチケットをチャージできるのか？」住んでいる私たちにも、地方からやってきたフランス人にも理解しがたいのです。私が使っているカードの課金システムについて質問をすると、駅員や運転手、コントローラー（無銭乗車の人を捕まえて罰金を徴収する係員）から返ってくる言葉は毎回違います。中には「俺も知らない」とか「新しいハイテクなカードは信用しないね。余計に金を取られるって思ってるぜ！」「バスやメトロに乗る時は今日みたいにスニーカーを履いておくと良い。罰金を取られそうになったら走って逃げられるぜ！」といった不届きな発言をするコントローラーもいるほど（笑）。

1時間半有効の1枚の乗車券でバスとメトロの乗り換えができないのに、突然バスから降ろされて（乗客と運転手のケンカ、事故、デモ行進、道路工事などなど理由はさまざま）、メトロに乗る羽目になり乗車券を2枚使わざるを得なかった、などというケースもあります。窓口で説明して改札を通してもらうことができますが、窓口には誰もいないので泣き寝入りということに…。

「どのパスを購入したら良いですか？」というご質問を頻繁に頂

くのですが、前述のように地元民でさえ値段や網羅しているゾーンが違うパスの種類や、どのパスがカードにチャージできるかなど把握していない人がほとんど。パリに出勤する皆さんは年間契約の定期、**たまにしか公共交通機関を利用しない人はカルネ（10枚券）**でしのいでいます。

　宿泊場所が中心地から少し離れていたり、ヴェルサイユやディズニーランドなど郊外へ行く予定があれば、全ゾーン移動できて乗り放題の1週間パス（月曜から日曜有効）がおすすめ。宿泊施設が1〜9区内であればカルネで十分です。

　ちなみに2024年6月よりスマホのウォレットから予め購入・チャージできるようになりました。窓口に並んだり、お財布を出さずにすむのでスリ予防にもなります。

　バスのトラブルで、もう一つよくあるケース。突然「渋滞しているのでルートを変更します」とフランス語でボソッとアナウンスがあった後、Googleマップとバス車内の停留所案内図を見比べながら困惑する外国人旅行客たち…。運転手に質問をしても英語が話せず「ノンノン」しか言わない…。私を含め、他のパリジャンたちも「すみませんね〜。これがパリなんです」とRATPに代わって謝りながら別ルートを教えてあげます。

　せめてもの救いは、困っている人を助けてくれるパリジャンたちの人情を垣間見られることです。エレベーターやエスカレーターがない駅では、必ずベビーカーを持ち上げるのを手伝ってくれたり、大荷物を抱えて困っている旅行客に手を貸すパリジャンがいます。私もベビーカー時代に困ったことは一度もありません。不便であっても、いや逆に不便だからこそ助け合いの精神が保たれているのかもしれません。

バスの利点と注意点

　バスのトラブルを強調してしまいましたが、私はパリ市内の移

動は（急いでいない時限定）バスと徒歩がほとんどです。

　バスの利点は、景色を見ながら移動でき、土地勘をつけることができる、観光バスより安い、スリが少ない、運転手さんがいるので夜でも安心ということ。注意点は、車上で購入すると割高で乗り換えも不可。渋滞（特に夕方）すると大幅に時間がかかる点です。

　バスの利用は、スマホのアプリなどを使えば割と簡単に利用できる（RATPのアプリやGoogleマップ、City Mapper）ためぜひ活用を。2024年9月現在の「観光バス気分で使える、おすすめのバス路線」は以下です。

●30番：モンマルトルのピガール駅〜凱旋門〜エッフェル塔
●69番：エッフェル塔前シャン・ド・マルス広場〜オルセー美術館〜ルーヴル〜ノートル・ダム〜マレ地区〜バスティーユ
●95番：モンマルトル〜オペラ座〜ルーヴル〜サン・ジェルマン・デ・プレ〜ヴァンヴ（蚤の市）
●63番：トロカデロ広場〜セーヌ河岸〜オルセー美術館〜バック通り〜サン・ジェルマン・デ・プレ〜カルティエ・ラタン〜植物園〜リヨン駅
●70番：セーヴル・バビロンヌ（ボン・マルシェ）〜サン・ジェルマン・デ・プレ〜セーヌ河岸〜パリ市庁舎（ノートル・ダム・マレ地区）
●73番：凱旋門〜コンコルド広場〜オルセー美術館
●29番：ボーマルシェ大通り（メルシー）〜ピカソ美術館・マレ地区〜エティエンヌ・マルセル〜モントルグイユ通り〜ヴィクトワール広場〜オペラ座
●40番：モンマルトルの小道を走る小型バス

メトロに乗るなら「乗り換え」はしない

　時間をかけてゆっくりと徒歩のみでパリを楽しむのが理想では

ありますが、体力的にもスケジュール的にも厳しいという方もいらっしゃると思います。私はメトロやバスを利用する際は乗り換えをしません。目的地の最寄駅まで乗り換えを含むルートではなく、**メトロ1本で乗り換えなしで目的地に近づき、後は徒歩で向かうルートを選びます。**

　実際にアメリカ人旅行者にルートを尋ねられた時のこと。マレ地区（Marais）の入り口、1号線のサン・ポール駅（Saint-Paul）の前で「ノートル・ダム大聖堂に行きたいのですが、1号線に乗って、シャトレ駅（Châtelet）で4号線に乗り換えて、シテ駅（Cité）で降りれば良いですか？」と聞かれました。「セーヌ川に出たらすぐに見えてきます。徒歩15分です。パリで最も美しいエリアなのに、なぜ地下鉄に乗るんですか!?」と興奮しながら、ほぼお説教してしまいました（笑）。そして、「メトロに乗るいなら、1号線でオテル・ド・ヴィル駅（Hôtel de Ville）まで1駅だけ乗って、そこから歩いた方が乗り換えるよりも早いですよ」とアドバイスしました。これなら徒歩と3分程度しか変わりません。

　目的地の最寄駅を目指すルートの探し方は、こういった無駄な乗り換えを含んでしまうことが多いので注意が必要です。特にパリのおへそにある**シャトレ駅は、道案内のパネルがテキトーなのでパリジャンでも迷う地下の迷路**。複数のメトロが交差する北駅、東駅、リヨン駅といったターミナル駅での乗り換えもゴチャゴチャしているので特に避けるようにしています。

　また、慢性的な渋滞に悩むパリでは、環境保全の意味でも年々車の量は減り、66%のパリジャンは車を所有していません。この10年ほどで歩道も広がり、自転車レーンも整備され（猛スピード&信号無視の自転車に要注意）ますます歩きやすい町になりました。騙されたと思って「なるべく歩いてメトロには乗らない」「乗るなら乗り換えなし」パリ在住者なら誰もが実践するこの2ケ条を念頭に行程を組んでみてください。次ページ以降で詳しく紹介します。

街の距離感をつかんで歩く

　知らない街を訪れる時、距離感を把握できないがために「歩きすぎて疲れた」、または逆に「歩いても良い距離なのにメトロに乗ってしまってもったいなかった」ということを私自身何度も経験してきました。パリの主要な観光エリアは「ほぼ全て徒歩で回れる、回った方が良い」のです。街の距離感をつかんで、徒歩中心に行程を組めば失敗はありません。

　以下に、知っておきたい主なルートと行程を紹介します。

シャンゼリゼ大通り
（凱旋門→コンコルド広場）
地図.P274

　パリの地図を広げると左側（西）に放射状の広場があります。これが、凱旋門（Arc de Triomphe）が立つシャルル・ド・ゴール広場（Charles de Gaulle-Étoile）、通称エトワール（星形の）広場です。ここからコンコルド広場（Place de la Concorde）まで延びる直線の大通りが**シャンゼリゼ大通り（Avenue des Champs-Élysées）**で、**直線で約2km、徒歩30分**。

　メトロでは1号線のシャルル・ド・ゴール・エトワール駅（Charles de Gaulle-Étoile）からコンコルド駅（Concorde）までは3駅目で、7〜10分。このシャンゼリゼの直線を指標にすると、大体の距離感をつかむことができます。

　例えばシャンゼリゼの延長線上にあるコンコルド広場とルーヴル間は、地図で見るとシャンゼリゼの半分くらいだとわかります。実際にコンコルド〜ルーヴル間は1.2kmで、徒歩約15分。メトロは同じ1号線で間にチュイルリー駅を挟んで2駅目、5分ほどです。「やっぱりメトロの方が早いじゃん！」と思われるかもしれませんが、私は「5分メトロに乗る」か「15分歩くか」、この10分程

オリンピック前の凱旋門

シャンゼリゼからコンコルド広場へ

シャンゼリゼは歩くと2km。
第1日曜は歩行者天国

シャンゼリゼの並木道

Avenue des Champs-Elysées

1章 パリ滞在の基礎知識｜移動術

度の差ならばもちろん後者をおすすめします。

　なぜなら、チュイルリー庭園の中を、四季折々色が変わる植物、美しい彫刻や噴水を眺めたり、くつろぐパリジャンたちにまじって散策をしながら歩けば、あっという間にルーヴルのミニ凱旋門（カルーゼル凱旋門）前にたどり着きます。

　パリの中心部はどこも映画のセットのように美しい街並み。歩くことは無駄な時間ではなく、パリを満喫する時間なのです。メトロを利用するのであれば、緩やかな坂道のシャンゼリゼを凱旋門に向かって上るのではなく、往路で1号線で凱旋門の麓まで上り、復路でシャンゼリゼを下るようにします（その方が疲れない）。

　以下に、一日徒歩で回れる中心部のコースを例に挙げてみます。

ルーヴルからパリ市庁舎

地図.P276

　ルーヴル美術館（Musée du Louvre）の東門から東へ進み、おしゃれなエリアとして大人気の**マレ地区の入り口となるパリ市庁舎（Hôtel de Ville）までは徒歩なら15分ほど**。メトロ1号線に乗ると、パレ・ロワイヤル＝ミュゼ・デュ・ルーヴル駅（Palais-Royal-Musée du Louvre）からオテル・ド・ヴィル駅（Hôtel de Ville）は3駅目で5分ほどで到着します。

　この道のりもセーヌ川沿いを歩けば、途中に必見の絶景ポイント、パリで最もロマンチックな橋である芸術橋（Pont des Arts）やポン・ヌフ橋（Pont Neuf）があり、そこからエッフェル塔を眺めることもできます。そしてなんといっても途中にはノートル・ダム大聖堂（Cathédrale Notre-Dame de Paris）や、ステンドグラスで有名なサント・シャペル（Sainte-Chapelle）があります。

　ルーヴル美術館見学➡ランチ➡シテ島サント・シャペル＆ノートル・ダム大聖堂（2024年12月8日以降）➡マレ地区でカフェ＆ショッピングという一日コースなら全て徒歩で移動できます。

ルーヴル東門

ルーヴル・リヴォリ駅

パリ市庁舎とリヴォリ通り

Musée du Louvre ≫ Hôtel de Ville

BHVのテラスバーから見た
市庁舎前とリヴォリ通り

1章　パリ滞在の基礎知識｜移動術

025

オルセーから
サン・ジェルマン・デ・プレ
地図P278

　コンコルド広場にあるチュイルリー庭園（Jardin des Tuileries）の入り口にあるのが、モネの「睡蓮」で有名なオランジュリー美術館（Musée de l'Orangerie）。オランジュリー美術館のセーヌ川を挟んでほぼ向かいに印象派の作品を集めたオルセー美術館（Musée d'Orsay）がありますので、セットで見学することをおすすめします。**オランジュリー美術館からオルセー美術館は徒歩10分**です。

　例えば朝の静かなうちにオランジュリー美術館を見学。次にオルセー美術館を見学＆オルセーのカフェでランチ。**オルセー美術館からサン・ジェルマン・デ・プレ教会（Église Saint-Germain-des-Prés）までは徒歩で15分程度**ですが、メトロもしくはバスを利用しても同じ時間がかかります。セーヌ河岸を歩きながら向かうも良し、ピカソのアトリエ（Atelier de Picasso）があった建物や、画廊、国立美術学院ボザール（École Nationale Supérieure des Beaux-Arts）、新たに博物館として一般公開されるようになったセルジュ・ゲンズブールの家（Maison Gainsbourg）の前などを通りながら、あっという間にサン・ジェルマン・デ・プレ教会の前にたどり着きます。

　パリで最もロマンチックなフュルステンベール広場（Place de Furstemberg）に寄ったら、左岸人に愛されるサン・シュルピス教会（Église Saint-Sulpice）、リュクサンブール庭園（Jardin du Luxembourg）、パンテオンの丘（Panthéon）を登ってカルティエ・ラタン（Quartier Latin）へ…という「シックな左岸一日満喫コース」も全て徒歩でこなせます。「こなせる」というよりも、徒歩でこそ楽しむことができるコース。お上りさんになって伝説的なサン・ジェルマンの2大カフェ、カフェ・ド・フロール（Café de Flore）や、

オランジュリー美術館からオルセー美術館へ

サン・ジェルマン・デ・プレ教会

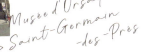

≫ Musée d'Orsay
Saint-Germain-des-Prés

パリのエスプリを感じるフュルステンベール広場

1章 パリ滞在の基礎知識──移動術

レ・ドゥー・マゴ（Les Deux Magots）に寄るも良し、サン・シュルピス広場のカフェのテラスで地元民にまじって映画の主人公になりすますも良し、右岸よりも喧騒の少ない左岸ならではの雰囲気を満喫してください。

オルセーからボン・マルシェ
地図P278

　オルセー美術館からスタートして世界最古のデパート、ボン・マルシェ（Le Bon Marché Rive Gauche）に向かうこともできます。

　メトロ12号線に乗って10分ほどですが、**徒歩でも15～20分**です。道中のバック通り（Rue du Bac）は動画でも何度か紹介していますが、素晴らしいパティシエの店が立ち並ぶパリ屈指のスイーツ街道。歩いているだけでも楽しい通りですので、地下を通過してしまうなんてもってのほか！

　ボン・マルシェから、シックな左岸の地元民の商店街シェルシュ・ミディ通り（Rue du Cherche-Midi）、大通りのレンヌ通り（Rue de Rennes）を渡って、サン・シュルピス教会周辺のおしゃれなショップも多いマダム通り（Rue Madame）、パリで最も長いヴォージラール通り（Rue de Vaugirard）を通ってリュクサンブール庭園に向かうというのもショッピングを楽しむことができる一日徒歩コースです。

世界最古のデパート、
ボン・マルシェの本館

お土産ハントに必ず寄りたいボン・マルシェの食料品館

Musée d'Orsay
≫ Le Bon Marché

スイーツの名店が並ぶバック通り

バック通りには、おしゃれなカフェも多い

1章 パリ滞在の基礎知識 | 移動術

029

オペラ座大通り

（パレ・ロワイヤル広場→オペラ座）

地図P279

　ルーヴル美術館の目の前にあるパレ・ロワイヤル＝ミュゼ・デュ・ルーヴル駅（Palais-Royal - Musée du Louvre）からオペラ座（Palais Garnier）までは2駅。メトロ7号線に乗れば5分ほどで到着します。**徒歩でちょうど1km、約15分**ですので、こちらもまた10分ほどの差です。ルーヴルからそのままオペラ座に向かうのであれば、オペラ座大通り（Avenue de l'Opéra）を歩かないわけにはいきません！

　アヴニュー（Avenue）とは並木大通りのことで、ブールヴァール（Boulevard／大通り）との違いは「木があるかないか」です。もう一つの有名なアヴニュー、シャンゼリゼ大通り（Avenue des Champs-Élysées）には、美しく高さが揃ったマロニエの並木がありますが、オペラ座大通りは、パリで唯一並木がないアヴニューです。これはルーヴル宮殿から広くまっすぐ延びる大通りの向こうに、美しいオペラ座がドカーンと立派に見えるように、設計者シャルル・ガルニエの要望により木が植えられなかったためです。

　パリが最も煌びやかで夜な夜なヨーロッパ各地から集まるセレブたちを招いて宴を開催することが国家事業の一つであった華やかな第2帝政期のシンボルであり、パリでも最も優雅なモニュメントの一つであるオペラ座を眺めながら、途中でお買い物を楽しんだり、オペラ座の裏のデパート巡りをするも良しです。

　つまり、凱旋門➡シャンゼリゼ大通り➡コンコルド広場➡ルーヴル美術館➡オペラ座＆デパートという「初めましてパリコース」もまた全て一日徒歩でこなせるというわけです。

夜のオペラ座

パレ・ロワイヤル＝ミュゼ・デュ・ルーヴル駅前

Avenue de l'Opéra

夜のオペラ座大通り

1章 パリ滞在の基礎知識｜移動術

031

ルーヴルからモントルグイユ通り
地図P280

オペラ座に向かう代わりに、ルーヴルのお向かいのパレ・ロワイヤル庭園（Jardin du Palais-Royal）を通り抜けると、パリで最も美しい19世紀のギャラリー（屋根付きのアーケード商店街）、ギャラリー・ヴィヴィエンヌ（Galerie Vivienne）があります。

このギャラリーのすぐ横にある、まるで映画のセットのようなノートルダム・デ・ヴィクトワール教会（Basilique Notre-Dame des Victoires）の広場を通って、ルイ14世の勇ましい騎馬像が中心に立つ美しい円形のヴィクトワール広場（Place des Victoires）に出ます。

そこからエティエンヌ・マルセル通り（Rue Étienne Marcel）を東へ向かえば、元中央市場レ・アール（Les Halles）に、今もグルメ・スポットが多くパリジャンたちで賑わう商店街、モントルグイユ通り（Rue Montorgueil）があります。

パレ・ロワイヤル広場から、この活気溢れるモントルグイユ通りの入り口まで徒歩20分。この「パリジャンになりきるコース」は、もちろん徒歩で楽しむ以外にありません。個人的には私の第二の家・ルーヴル美術館からはこのコースに沿って一日過ごすことが多いです。

パリジャンの憩いの場パレ・ロワイヤル庭園

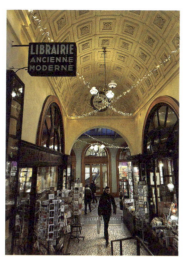

時が止まったようなパッサージュは2区と9区に集中。写真はギャラリー・ヴィヴィエンヌ

Musée du Louvre ≫ Rue Montorgueil

映画のセットのようなノートルダム・デ・ヴィクトワール教会前の広場

モントルグイユ通り

1章 パリ滞在の基礎知識 — 移動術

033

必見モニュメントTIPS

　パリに来たら避けては通れない必見モニュメント観光に備えて「ガイドブックには載っていないTIPS」を教えます。

エッフェル塔＆凱旋門

Tour Eiffel
Av. Gustave Eiffel, 75007 Paris
Arc de Triomphe
Pl. Charles de Gaulle, 75008 Paris

　まず最初のTIPSは、**エッフェル塔（Tour Eiffel）は「写真を近くから撮るだけ」もしくは「サクッと登るだけ」にせよ**ということです。私が旅行者なら、パリらしさが凝縮されたエリアから離れているのでエッフェル塔近辺には泊まりません。

　エッフェル塔は、ルーヴル宮殿やシテ島、マレ地区、サン・ジェルマン・デ・プレ地区のような「散策が楽しく歴史を感じる」エリアではなく、「歩いていても面白みに欠けるエリア」です。

　エッフェル塔の周辺は19世紀後半に建てられた超高級アパルトマン（世界の大富豪の別荘など）に囲まれているのですが、シャン・ド・マルス公園（Champ-de-Mars）にはスリの集団とエッフェル塔のキーホルダーを売る違法滞在の兄ちゃんたちがウロウロしています。自転車に乗った警官たちが全力で走って逃げる彼らを追う横で、高級住宅地のセレブな住民がジョギングしている様子を、観光バスから降りたツーリストたちがスマホで撮影する…という摩訶不思議な光景を目撃することもあります。エッフェル塔周辺のカフェも、シャンゼリゼ大通りのカフェ同様、値段は高めでサービスも悪いところが多いので、あえてエッフェル塔やシャンゼリゼに散歩をしに行こうというパリジャンはいません。

　エッフェル塔が立つパリの西、セーヌ川の下流に位置するシャ

エッフェル塔トロカデロ広場

クルーズ船ヴェデット・デュ・ポン・ヌフ

ビルアケム橋

1章 パリ滞在の基礎知識 ― 移動術

Tour Eiffel

ン・ド・マルス公園（古代ローマの軍神マルスの平野という意味）は、元々はエッフェル塔の向かいにある軍学校（École militaire）の訓練場として使われた広大な野原でした。19世紀末には期間限定の万国博覧会の会場を建設するにはうってつけの「町外れ」だったわけなので、他のエリアにあるような独特の古い石に刻まれた風情や地元民たちの生活感がなく、私は歩いていてもつまらないと感じてしまいます。

そもそもエッフェル塔はなぜ造られたのか？　実はフランス革命100周年に当たる1889年の万国博覧会で、その20年前に普仏戦争で苦杯を喫したおフランスが、朝日に向かって「コケコッコー」と胸を張って鳴く雄鶏のごとく蘇ったことを、世界一高い建築物を造って世界中に見せつけるためでした。ちなみに雄鶏（le coq）はフランスのシンボルです。

新しいものには何かと文句をつけたがるフランス人。「醜悪で巨大な骸骨」などと、名だたる文化人たちがそれぞれの詩的な表現でエッフェル塔を罵倒し、20年で解体される予定だったエッフェル塔ですが、軍事目的の無線電信のアンテナとして使えることがわかり命拾いをしました。こうしてパリの、おフランスのシンボルとなったのです。

凱旋門（Arc de Triomphe）・シャンゼリゼ大通り（Av. des Champs-Élysées）もまた、パリの長い歴史から見ると周辺は19世紀後半まで「更地」でした。モニュメントを見て「おー！これが噂の！」と圧倒される場所で、散策やパリジャンたちにまじって素敵なパリ時間を楽しむというような場所ではなく「あくまで観光地」ということです。「世界で最も美しい散歩道」と謳われるシャンゼリゼ大通りにはパリジャンは歩いていません。

今のシャンゼリゼは「空港の免税店通り」のようだと思います。高い家賃を払えるLVMH社の店や外国資本のファストファッションの店舗が並び、人通りもスリも多く、飲食店も値段が高いので

パリっ子がわざわざ行く理由がないのです。大晦日の花火を見に行く、サッカーのフランス代表チームが優勝したらパレードを見に行く、クリスマスのイルミネーションを見に行くくらいではないかと思います。「シャンゼリゼなんて10年も足を踏み入れていない」と言うパリジャンも私の周りにはたくさんいます。しいて言えば、フランクラン・ルーズヴェルト駅（Franklin.D. Roosevelt）よりコンコルド広場側のシャンゼリゼにはブティックがなく、並木道と公園、劇場、グラン・パレ（Grand Palais）、プティ・パレ（Petit Palais）などがあるエリアには四季折々に衣替えをするマロニエの並木を眺めたり、近所で働く人たちや他のエリアからやってきたパリジャンたちを見ることができたりと、落ち着いた風情があります。シャンゼリゼの散策に疲れたら、ぜひシャンゼリゼの公園でくつろいでください。

　凱旋門とエッフェル塔は、両者ともパリの西端に位置しますので、この二つをセットに見学をすませてしまうのも良いと思います。両者のモニュメント間は、メトロ6号線で1本、もしくは30番のバス（2024年現在では凱旋門➡トロカデロ広場➡エッフェル塔の真横に停留所あり）を使って簡単に移動できますので、こちらに限っては、RATPの利用をおすすめします。

「エッフェル塔に登るか登らないか」ですが、観光ハイシーズン（特に夏）は、登るにはそれなりの覚悟が必要です。最も効率よくスムーズにエッフェル塔に登る方法は、レストランを予約することですが、これは多少の予算を要します。1階はブラッスリー、2階は高級レストランになっています。

　どかーんと正面から撮る**エッフェル塔の記念写真スポット**といえば2ケ所あります。一つは、右岸のトロカデロ駅下車で、高台**のシャイヨー宮殿の広場から撮る**方法。二つ目は、左岸のエコール・ミリテール駅下車で、**シャン・ド・マルス公園から**緑の絨毯の後ろに立つエッフェル塔を見上げるように撮る方法です。

どちらも迫力がありますが、要注意なのは晴れた日の撮影です。逆光になってエッフェル塔がシルエットしか写らなくなってしまうので朝はシャン・ド・マルス公園、午後はシャイヨー宮殿がおすすめです。登らなくても近くから撮るだけで良いという方には、メトロから近いシャイヨー宮殿側がおすすめです。

「特にエッフェル塔に登らなくても良い」という方にもう一つ**おすすめのエッフェル塔記念撮影スポットは、セーヌ川の遊覧船**です。効率よくパリ観光をしたいという方には「パリで最も美しい通り」ともいわれるセーヌ川のクルージングがおすすめです。

パリジャンたちも地方から来る友人や家族をクルージングに連れて行きますし、子どもも喜ぶので我が家も娘が小さい頃はたまに利用したものでした。私のイチオシの遊覧船は、パリのおへそ、シテ島の先端から出航している、ヴェデット・デュ・ポン・ヌフ（Vedettes du Pont Neuf）です。この船ならパリの中心から出航して、また中心に戻ってくることができるので、例えばルーヴル美術館の見学後やサン・ジェルマン・デ・プレの散策後に、船でエッフェル塔に近づくことができます。

私のお気に入りのエッフェル塔撮影スポットは、**ビルアケム橋（Pont de Bir-Hakeim）の上**です。数々の映画のシーン（『ラストタンゴ・イン・パリ』『インセプション』『ミッション：インポッシブル』などなど）に登場するフォトジェニックな橋で、アール・ヌーヴォー様式の鉄の柱がズラッと並び、上階をメトロが走るパリでも特殊な橋。トロカデロ広場やシャン・ド・マルス公園からの迫力のあるショットとはまた違った趣がありロマンチックでおすすめです。地下鉄パッシー駅（Passy）で下車して坂を下りながらビルアケム橋へ向かうと、映画のヒロインにでもなったかのような気分です。

ノートル・ダム大聖堂

Cathédrale Notre-Dame de Paris
6 parvis Notre-Dame - Pl. Jean-Paul II, 75004 Paris

　2019年のまさかの火災から5年、2024年末に不死鳥のごとく蘇る予定の「我らが貴婦人」ノートル・ダム大聖堂は、パリジャンたちにとって宗教に関係なく最も愛されているモニュメントです。私も近くに行くなら必ず前を通り挨拶をしに行きます。前述のエッフェル塔や凱旋門のように「どや！これがおフランスや！」という権力や国力を誇示するモニュメントではなく、よりスピリチュアルな建造物だからかもしれません。もちろん中世のゴシック大聖堂建築ブームの裏には「より大きく、より天に近い大聖堂を造るのだ！」という都市間の競争もありましたが、700年、800年の間、パリジャンたちにとって「ここにいれば安心」という心のシェルターであり続けたノートル・ダムにはやはり特別なオーラがあります。中世の大聖堂は、ノアの方舟のように全ての住民をかくまう場所でもありました。大聖堂の身廊はフランス語でNef（船）を意味し、天井を見上げると確かに船を逆さにしたような形をしています。「大聖堂は信者たちを乗せて空という海を航海しながら、心安らぐ港へ運んでくれる」そんなイメージで造られたそうです。

　私に宗教的な感情はありませんが、職人たちが電動クレーンのない時代に労力と知恵を絞り、「今も未来も、皆の魂が救われますように」という祈りを込め、200年という歳月をかけて一体となって造り上げた集団の叡智に感動するのです。そして皮肉なことではありますが、あの火災はノートル・ダムへの人々の愛着の強さを再確認する機会となりました。鎮火を確認するまでそばを離れられなかったパリジャンたち。私もそうでしたが、手を合わせながらテレビ中継で消火活動を見守る世界中の人たちの姿を今

でも思い出します。まるでずっと昔からそばにいてくれて、静かに自分を見守ってきてくれた人が瀕死の状態で苦しんでいるのを見守るしかないような、居ても立ってもいられない気持ちでした。「我らが貴婦人」と擬人化されているように、ノートル・ダムは単なる建造物という次元を超えた、生きたモニュメントのような特別なオーラを感じます。パリを訪れた際には必ず近くからそのオーラを感じて頂きたいものです。

　最後にノートル・ダムの絶景おすすめポイントを紹介します。

　ノートル・ダム大聖堂はパリ発祥の地とされるセーヌ川の中洲、シテ島（Île de la Cité）にあるので、左岸からも右岸からもアクセス可能です。マニアックなようですが、私は**左岸のカルティエ・ラタンから近づいていくルート**が好きです（笑）。ノートル・ダム周辺の左岸には中世の面影を感じる道幅の狭い通りが数本、サン・ジェルマン大通りとセーヌ河岸の間に残っています。中世のノートル・ダム大聖堂の周りには「我らが貴婦人に守ってもらおう」とばかりにぎっしりと、大聖堂にくっつくように住宅が林立していました。中世の街並みが残るストラスブール大聖堂（Cathédrale Notre-Dame de Strasbourg）周辺もそうですが、家が密集した狭い道を進むと、ある時突然目の前に「どどーん」と壮大なスケールの建物が現れるという劇的な効果があります。

　私のお気に入りルートはモベール・ミュチュアリテ駅（Maubert-Mutualité）から駅前のパン屋さんでクロワッサンを買い、フレデリック・ソートン通り（Rue Frédéric Sauton）からオー・パヴェ通り（Rue du Haut Pavé）を進んでセーヌ河岸に抜けるルートです。映画やドラマの撮影にもよく使われる（最近では『プラダを着た悪魔』など）趣のあるこの狭い道を抜けて河岸に出ると、目の前にノートル・ダムの南のバラ窓が現れます。桜の時期にはこのバラ窓の下にある散歩道が桜の回廊になるので必見です。

　緑色の古本屋（ブキニスト）の横から見える貴婦人の姿もパリらしくとても素敵ですが、私は階段で船乗り場の横まで降ります。

セーヌ川の高さから見上げるノートル・ダムの姿は、オードリー・ヘップバーン主演の『シャレード』を見て以来、**お気に入りの絶景スポット**になっています。

　頭の片隅に置いておきたいのが**写真を撮るタイミング**。教会や大聖堂は、基本的に正面入り口は西、祭壇は東を向いています。人々に希望の光をもたらすイエス・キリストは人類の太陽とされるので、太陽が昇る東には祭壇があり、太陽が沈む西側は世界の終わり、死を象徴するため、多くの教会や大聖堂には「最後の審判」の様子が彫刻でわかりやすく説明されています。

　ノートル・ダムは晴れた日の朝に正面から撮ると逆光になりますが、夕方は大聖堂のシンボルである左右対称の美しい鐘楼や彫刻群に西陽が当たって、まるで大聖堂が聖なる光を発しているような神々しい姿を見ることができるというわけです。

　さて、ノートル・ダムへお参りしたら、やはりサント・シャペル（Sainte-Chapelle）へ行くことをおすすめします。13世紀に国の年間予算の半分を注ぎ込んで買った「キリストが磔刑に架けられた時に被せられた茨の冠」なるものを納める宝箱として建造された礼拝堂です。サント・シャペル2階部分のステンドグラスは何十回と訪れていますが、毎回「うわ〜！」と思わず声が出てしまう美しさです。もちろんサント・シャペルも祭壇は東。晴れた日の午前中の拝観が理想的です。

上　2024年のノートル・ダム
下　消失以前のノートル・ダム

ルーヴル美術館

Musée du Louvre
75001 Paris

　パリに来てルーヴル美術館に行かないのは、エジプトに行ってピラミッドを見ないということに等しいのではないかと思います。ですが、実は「小学生の時に学校の遠足で行って以来足を踏み入れたことがない」というパリジャンも多く、小さい頃から美術に親しんでいても「広いし観光客で溢れかえっているから疲れそう」と足が遠のいてしまうようです。3万8000点の作品が8万㎡の展示室に展示されているのですから、想像しただけでも圧倒されて疲れてしまうのも無理はありません（笑）。

　美術愛好家なら「あれもこれも」と見たくなってしまいますが、私が案内したお客様の99％は「とりあえず必須作品を見たい」という要望でした。団体旅行のお客様を案内する際の**必須作品は、①『ミロのヴィーナス』、②『サモトラケのニケ』、③『モナ・リザ』、④『ナポレオンの戴冠式』、⑤『民衆を導く自由の女神』の5点ですが、実は全てルーヴル美術館の一角に集中**しています。

　ルーヴル美術館は有名なガラスのピラミッドの真下がメインホールになっています。そこからドゥノン翼（セーヌ側）、シュリー翼（東）、リシュリュー翼（リヴォリ通り側）から入館するのですが、必須の5点は全てドゥノン翼に展示されているのでドゥノンのチケットコントロール入り口はいつも大行列です。そこで私が案内する時には必ず、**ドゥノンに比べて空いているシュリー翼の入り口**から入ります。地図を見ても迷ってしまう広大なルーヴル美術館。以下に西洋美術の移り変わりを時系列で追いながら、必須作品を迷うことなく1時間で効率的に回れる、Ryokoのおすすめルートを教えます。

必須作品を1時間で回る
ルーヴル王道コース

Parcours conseillé au Musée du Louvre

ルーヴル美術館

ルーヴル美術館は、9時の開館と同時の入館がベスト。2024年9月現在、水曜・金曜は夜9時まで夜間見学ができます。

❶　まずはルーヴルの歴史を1分で説明するビデオを閲覧。
↓
❷　中世のルーヴルのお堀跡へ。
↓
❸　道なりに進めば、4000年前のタニスのスフィンクス（Sphinx de Tanis）が待ち構えています。右の階段を昇り、ギリシャ・ローマ神話の神々の間を抜けて行くと…。
↓
❹　『ミロのヴィーナス（Vénus de Milo）』へ。ぐるっと一周しながら特に美しい腹筋を拝んでください。右方向から人の流れに身を任せれば大階段の前に着きます。
↓
❺　『サモトラケのニケ（Victoire de Samothrace）』が、ギリシャ神殿のような大階段の頂上に羽を広げて立っています。向かって右側が「映える」ように彫られているので、写真は正面右から！ニケもまたねじれたリアルなお腹に注目です。ニケの真後ろの展示室へ。

↓

❻ 豪華絢爛アポロンのギャラリー（Galerie d'Apollon）でマリー・アントワネットもナポレオンも愛用した140ctのダイヤモンドに目が眩んだら、奥の扉から隣の展示室へ。

↓

❼ 天井の高さに圧倒されながら、『聖フランチェスコの聖跡』で名高いジョット（Giotto）や、フィレンツェのフレスコ画が有名なフラ・アンジェリコ（Fra' Angelico）、『ヴィーナスの誕生』で名高いボッティチェリ（Botticelli）などルネッサンス初期の傑作が並ぶサロン・カレ（Salon carré／四角の間）を堪能。

↓

❽ 圧巻の大回廊、グランド・ギャラリー（La Grande Galerie）では進行方向左側のレオナルド・ダ・ヴィンチ（Léonard de Vinci）の作品群をお見逃しなく。

↓

❾ グランド・ギャラリー右側に、遂に『モナ・リザ（La Joconde）』と『カナの婚礼（Les Noces de Cana）』の展示室が。スリに用心しながら世界一有名な微笑みとご対面ください。左右の目と唇の表情の違いが面白いです。お子様連れの方は、ぜひ『カナの婚礼』のワンコ探しをしてみてください。

↓

❿ モナ・リザルームを出て、ミュージアム・ショップがあるホールへ出たら、右側の展示室の『ナポレオンの戴冠式（Le Sacre de Napoléon）』へ。「俺様ナポレオンが偉く見えるように」構図を計算し尽くしたプロパガンダ絵画。一体何に注目が集まるように描かれているか…。

↓

⓫ 反対側の展示室にある『民衆を導く自由の女神（La Liberté guidant le peuple）』へ。印象派画家たちの神様「色の魔術師」と呼ばれたドラクロワの傑作。ルーヴルで最も有名な作品にもかか

わらずなぜか誤解が多い作品。誤解①、真ん中の女神はジャンヌ・ダルクではありません。「自由」という概念を擬人化した女神です。誤解②、1830年の七月革命を描いた作品なので、1789年のマリー・アントワネットが処刑された革命ではありません。言論の自由を規制されそうになった国民の怒りが爆発した革命です。

↓

⓬ 展示室を出て豪華絢爛な階段を降りると、彫刻の展示室にあるミケランジェロ（Michel-Ange）の2体の奴隷像と、カノーヴァの『アモルの接吻で蘇るプシュケ（Psyché ranimée par le baiser de l'Amour）』へ。展示室を出て右側から出口へ。

超裏技 『モナ・リザ』まで5分ルート

事前予約が必要ですが、Eチケットをお持ちの方は、カルーセル凱旋門横の知る人ぞ知る**秘密の入り口、ライオン門（Porte des Lions）へ**。ここからなら、荷物検査・チケットコントロールから5分で『モナ・リザ』の展示室にアクセスできます（金曜はクローズ＆クロークがないので大きな荷物があると入れません）。入館して右にある階段を上ってひたすら長い回廊を早足で歩けばモナ・リザルームに到着です。

ルーヴル見学は身軽に！

ルーヴルは暑いです。ゆっくり見学を楽しみたい人は、脱ぎやすい軽いダウンなど、暖かい季節は水を忘れずに持参を！

ルーヴル秘密の入り口、ライオン門

パリらしさを味わうなら
モンマルトル
Montmartre

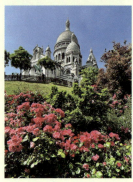

上　夜のムーラン・ルージュ
下　白亜のサクレ・クール寺院

　ムーラン・ルージュ（Moulin Rouge）や、サクレ・クール寺院（Basilique du Sacré-Cœur de Montmartre）、テルトル広場（Place du Tertre）の似顔絵描きたち、ブラッサイの夜の階段、『アメリ』のカフェや八百屋さん、石畳の曲がりくねった坂道、かわいいピンクの家…。モンマルトルにはパリらしい風景があちこちに散らばっています。

　パリと聞いてモンマルトルの街並みをイメージする人が多いのは、モンマルトルを舞台にした芸術作品が多いからでしょう。それはエッフェル塔や凱旋門のある新しいエリアとは異なり、はるか昔から人が住み続けてきた神聖な丘、そして牧歌的な村だったという歴史や、趣のあるレトロな魅力、魂を感じることができるパリでも特殊なエリアだからです。それはパリジャンたちに愛され続ける理由でもあると思います。

　そんな私の心の故郷モンマルトル村では、ぜひゆっくりと半日かけて散策を楽しんで頂きたいのですが、一

つ注意点があります。それは、**モンマルトルは「結構ちゃんとした丘」である**ということ（笑）。パリを囲む13の丘の中でもサクレ・クールが立つ丘の頂上は標高130ｍというパリで最も高い位置にあります。地図を見ながらサクレ・クール寺院を目指して「近道だ」と思ったら、少林寺拳法の修行でもするのかというような急な階段が目の前にあったという体験をした人も多いのです。そこで、**登りの階段を避けつつも、モンマルトルの見所を余す所なく回りながらその魅力を満喫するとっておきルート**を紹介します。「坂をゆっくり登るのも嫌！」という方はケーブルカーを利用し、以下のコースを逆に回ってみてください！

ムーラン・ルージュからアベス駅まで 徒歩でモンマルトルの丘の見所を回るコース

▶地図P282

　地下鉄ブランシュ駅（Blanche）からスタート。モンマルトルで最も賑わう商店街の一つ、ルピック通り（Rue Lepic）をゆっくり登ります。『アメリ』のカフェ、カフェ・デ・ドゥ・ムーラン（Café des Deux Moulins）はこちらの通り。

↓

　坂を登った交差点を右に進むともう一つの目抜き通りアベス通り（Rue des Abbesses）。チーズ屋さんや、バゲット大賞を2度獲得したパン屋さん、ル・グルニエ・ア・パン（Le Grenier à pain）、果物屋さん、お肉屋さん、ワイン屋さんから流行のコスメ、ファッ

『アメリ』のカフェ、カフェ・デ・ドゥ・ムーラン

アベス通りの八百屋さんブラッスリー

ション、雑貨やアクセサリー屋さんも。

⬇

　左角からラヴィニャン通り（Rue Ravignan）を登って、マロニエの木とウォレスの水飲み場があるエミール・グドー広場（Emile Goudeau）で小休憩。ここに「洗濯船」があります。

●ウォレスの水飲み場

（Fontaine Wallace）

　4体の女神が丸い屋根を支える緑色の鋳鉄製の小さな水飲み場。パリ市内に100ケ所設置。1870年の普仏戦争後、パリの水道設備は敵軍によって多くが破壊されました。水へのアクセスが困難になれば、パリジャンたちの健康にも害が及びます。「飲料水が不足すればワインを飲むしかない！」とアルコール依存症患者が増えることを懸念したおフランス好き英国人の篤志家リチャード・ウォレス氏がパリ市に数ケ所寄付したのがこの水飲み場です。暑い日には現在もペットボトルや水筒に給水する地元民や旅行客を見かけます。

⬇

　広場上を左に曲がりオルシャン通り（Rue d'Orchampt）へ。石畳の道の突き当たりには城館のような立派な建物が見えます。これがフランスで今でも世

上　これぞモンマルトルの坂道ラヴィニャン通り　下　エミール・グドー広場とウォレスの水飲み場

代を超えて愛される歌手、ダリダのお屋敷（La Maison de Dalida）です。

⬇

狭い小道を抜けると目の前に風車が見えます。オルセー美術館に展示されているルノワールの『ムーラン・ド・ラ・ギャレット』が描かれた場所。

⬇

ジラルドン通り（Rue Girardon）を進むと、十字路の右手に見える広場にマルセル・エメの短編小説『壁抜け男（Le Passe-Muraille）』の彫刻があります。広場の反対側を通る並木道ジュノ通り（Avenue Junot）には豪華なセレブのお屋敷が並びます。

⬇

十字路のジラルドン通りを少し下って、左にスザンヌ・ビュイッソン公園（Square Suzanne Buisson）の入り口が。お天気の良い日は少年からお年寄りまで一緒にペタンク遊びを楽しんでいて、地元民に愛される公園。ここに自分の首を持った聖ドニ司教の像（Statue de Saint-Denis）があります。

●聖ドニ司教（Saint-Denis）

3世紀にローマ帝国では異端とされていたキリスト教を広めるためにパリにやってきて、ローマ兵に首を斬られた司教。転がり落ちた自分の首を

ルノワールがモチーフに描いた風車

上　「壁抜け男」の彫刻　下　公園でペタンクを楽しむ地元民

1章　パリ滞在の基礎知識　コラム

019

ひょいと拾い上げ、首を持ったまま丘を登り、さらに数km歩いたところでバタッと倒れたという伝説があります。ドニ司教が倒れた場所にサン・ドニ大聖堂が建てられたと言われ、司教が首を抱えて登った丘が殉教者の丘（Mont des Martyrs／モン・デ・マルティール）と呼ばれ「モンマルトル」の語源になったとされています。

↓

公園の裏側からカサデサス広場（Place Casadesus）へ。右手の小さな階段を登ると、パリ市内にいるとは思えない緑豊かなブルイヤールの小道（Allée des Brouillards）があります。小道にはパリでは珍しい一軒家が並んでいます。8番地にはルノワールが住んでいた家も。左手には18世紀建造の豪華なブルイヤールの屋敷（Château des Brouillards）があります。朝散歩をすると鳥の声が聞こえて、まるでノルマンディ地方にワープしたかのようなのどかな雰囲気の一角です。

↓

ダリダの広場（Place Dalida）に抜けます。アラン・ドロンとのデュエット曲は日本でも知られていますが、ダリダは特にゲイ・コミュニティのアイコン（なぜか彼女の胸像の胸だけ触られて塗料が剥げています）。この広場から延びるうねった坂道アブルヴォワール通り（Rue de l'Abreuvoir）、その向こうにはサクレ・クール寺院の白いどんぐり形の屋根が見えます。モンマルトルでもおそらく最もモンマルトルらしい景色！ 19世紀のオスマン大改造以降、曲がりくねった道は珍しくなったパ

上　ブルイヤールの屋敷
下　ダリダの胸像

アブルヴォワール通り

リですが、モンマルトルの丘では、未だに見ることができ、牧歌的な雰囲気を残しています。

↓

　ほとんどの方はこのアブルヴォワール通りを登るのですが、私はダリダの胸像の後ろにある階段を降ります。19世紀後半にスラム化していたエリアに造られた公園と高級住宅街が眼前に広がります。右にあるサン・ヴァンサン通り（Rue Saint-Vincent）は、特に紅葉の季節に通ってほしい小さな石畳の道です。

↓

　ワインの守護聖人であるサン・ヴァンサン通りを進めば、右手に1930年代に復活した葡萄畑が、左手には伝説的なシャンソニエ、ラパン・アジル (Cabaret Au Lapin Agile) が。

　葡萄畑の横を通り急な坂道を登れば十字路に、おそらくモンマルトルで最も「インスタ映え」スポットとして撮影されているであろうカフェ、ラ・メゾン・ローズ (La Maison Rose) が右手に見えます。かつてはダリダやシャルル・アズナブールなどモンマルトルゆかりのセレブたちが通ったレストランですが、現在はおしゃれでヘルシー志向の今時なカフェです。モンマルトルの画家ユトリロの絵や、私も大好きな映画『パリの恋人たち』にも登場。

上　サン・ヴァンサン通り
下　ラパン・アジル

　この十字路のコルト通り (Rue Cortot) へ進めば、ルノワール

雰囲気のある葡萄畑

ラ・メゾン・ローズ

モンマルトルの人情溢れる「ラ・ボンヌ・フランケット」

が『ブランコ』を描き、恋人と噂もあった美人モデルで女流画家スザンヌ・ヴァラドンのアトリエ兼住居があるモンマルトル美術館（Musée de Montmartre）があり、庭でのひと休憩がおすすめです。

↓

先ほどの十字路へ戻りソール通り（Rue des Saules）を登ります。右手のレストラン、ラ・ボンヌ・フランケット（La Bonne franquette）は、「気張らずに」「無礼講」のような意味で、気の合う友人たちとワイワイ楽しく食事をする様子を指します。こちらは、多くの印象派画家が訪れた店として有名で、ゴッホはパリ移住直後にこのレストランのテラスを描いています。1930年代に芸術家たちによって創立されたモンマルトルの慈善団体、モンマルトル共和国本部でもあります。このレストランとお隣のライバル店の間の小道、サン・リュスティック通り（Rue Saint-Rustique）から見えるサクレ・クールをユトリロの真似をして写真に収めても良いかもしれません。この二つのレストランの前の石畳の通りも何度となく映画の撮影に使われてきた映えスポットです。

↓

お土産屋さんがズラッと並び、ハイシーズンには歩くのも困難なノルヴァン通り（Rue Norvins）は混雑するモン・サン・ミッシェルの大通りや、鎌倉の小町通り、原宿の竹下通りのような観光客で溢れかえる混雑した通りです。

↓

1章　パリ滞在の基礎知識　コラム

053

朝の静寂なプルボ通り

朝、人の少ないカルヴェール広場

　私は混雑する通りはあまり好きではないので、右に曲がりプルボ通り（Rue Poulbot）から裏道へ入ります。ぐるっと左カーブする道を進めば、小さなカルヴェール広場（Place du Calvaire）にたどり着きます。暑い日は木陰の下のベンチに腰かけて、もしくはカフェのテラス席で、コーヒーを1杯。観光客でごった返すテルトル広場の裏にあり、比較的空いていて田舎村にいるような錯覚を覚える場所です。

⬇

　広場を進むと右手にモンマルトルの名物階段の一つ、カルヴェールの階段（Escaliers du Calvaire）があります。ここから見えるパリの家々の屋根がとても絵になります。

⬇

　モンマルトルに来たら、いくら観光客でごった返しているとはいえテルトル広場を避けて通るわけにはいきません！　モンマルトル村の村役

モンマルトルの名物、カルヴェールの階段

冬のテルトル広場

場があった広場ですが、現在は似顔絵描きが大集合する広場になっています。ちなみに広場にいる絵描きたちは市から許可を得た方々。道端で声をかけてくる人は「モグリ」とか。

↓

興味があれば、パリで最も古い教会の一つで、古代ローマ時代の神殿の柱が残るサン・ピエール教会（Église Saint-Pierre de Montmartre）へも立ち寄ってみてください。

↓

教会を出たら私は左から坂を少し下り、エッフェル塔が見える

ケーブルカーはスリ多発スポット

柵の前を通ります。エッフェル塔は富士山と同じで遠くから見えたり、思いがけない時にふと見えたりする方が、近くから見るよりも個人的には好きです。道なりに進むと、ケーブルカーの駅前に到着します。

↓

いよいよサクレ・クール寺院前の展望台広場に到着です。ここからパリを一望することができます。サクレ・クール寺院を拝観する場合は、ちょっとだけ階段を登ることになります。

↓

サクレ・クールを正面にして右側にお手洗いがあります。少し

サクレ・クールの前からパリを一望

手前に美しい花壇があります。特に晴れた日には青空をバックにお花とサクレ・クールを一緒に、または白亜のドームがライトアップされた夜のサクレ・クールを一段下から撮るのもとても美しいです。

⬇

　ここからサクレ・クールの下のメリーゴーラウンドを目指して降りるのも王道ですが、私はもう少しディープなコースを紹介します。ケーブルカーの前を再び横切って、ケーブルカー横ではなく、シャップ通り（Rue Chappe）の階段を降りると右にガブリエル通り（Rue Gabrielle）があります。観光地のスリや人混みフリーの、とてもかわいい静かな小道を進みます。

⬇

　左のドルヴェ通り（Rue Drevet）を下り、さらに急な階段を降りると、映画のセットのような（『Ronin』というアクションムービーに登場します）十字路に着きます。

⬇

　階段を降りきってトロワ・フレール通り（Rue des Trois Frères）を右に進むと、パリジャンが雨にも負けず風にも負けず並んででも買う日本人パン職人の店、シンヤ・パン・モンマルトル（Shinya pain Montmartre）があります。さらにまっすぐ進めば、角に映画『アメリ』に登場する八百屋さん（通称アラブ屋さんと呼ばれる小さなスーパー）オ・マルシェ・ド・ラ・

上　静かなガブリエル通り
下　いつも行列のシンヤ・パン・モンマルトル

映画『アメリ』の八百屋さん

ビュット（Au Marché de la Butte）が。

店の目の前にあるアベスの小路（Passage des Abbesses）という抜け道の階段を降ります。降りてすぐ左のアーチをくぐると、私が「秘密の花園」と呼ぶ四角い庭園があります。庭園を進んで小さなアーチをくぐれば…。

今ではすっかりモンマルトルの観光名所となった（未だにその存在を知らないモンマルトルっ子もいますが）250ヶ国語で「愛しています」と書かれたジ

秘密の花園

小さなアーチをくぐれば…

ュテームの壁（Le mur des je t'aime）の公園に出てきます。
↓

　公園は有名な屋根付きメトロ、アベス駅（Abbesses）の入り口のあるアベス広場（Place des Abbesses）に通じています。クリスマスはマルシェや、定期的にヴィッド・グルニエ（Vide-grenier）というフリーマーケットも開催されます。

ジュテームの壁の前でお父ちゃんと

アベス駅のアール・ヌーヴォー様式の入り口

1章　パリ滞在の基礎知識　コラム

059

リピーターにおすすめ！
裏モンマルトル探索コース
▶ 地図 P282

ラマルク・コーランクール駅出口

　ラマルク・コーランクール駅（Lamarck-Caulaincourt）で下車。すぐに階段を登ると、コーランクール通り（Rue Caulaincourt）に出ます。実は高級住宅街の裏モンマルトル。グルメな住民も多いので、チーズ屋さんやワインカーヴ、MOF（フランス国家最優秀職人章）のパティスリーや美味しいパン屋さん、地元民が通うカフェなどなど、コーランクール通りまでたどり着くと、途端に観光地モンマルトルから閑静でおしゃれな住宅街にガラッと雰囲気が変わります。

　ぐるっとカーブしたジュノ通り（Avenue Junot）を目指して、先述の「壁抜け男」のある十字路へ向かってください。

　道を上ると左に美しい英国風家屋が並ぶヴィラ・レアンドル（Villa Leandre）があります。パリ市内とは思えない映画や絵本の中に出てきそうなかわいらしい小道を見て、そのまま優雅な一軒家が並ぶモンマルトルきってのセレブ通りを上れば、先ほどの「壁抜け男」の十字路にたどり着きます。階段を登るのが億劫な

美しいヴィラ・レアンドル

私が考えたルートですが、時には迷ったり、とっておきのオリジナルルートを見つけるのも、また旅の楽しみではあります。

※モンマルトルは断然午前中に観光するのがおすすめ。土日は歩くのが大変なくらい混雑します。アンヴェール駅から上るお土産通りやサクレ・クール寺院前の公園は、スリやミサンガというブレスレットを法外な値段で売りつけ、断ると時には罵倒してくる違法滞在の売人がいます。サラッと無視しましょう。

1章 パリ滞在の基礎知識 — コラム

061

治安

Pour votre sécurité

日本人は狙われやすい？

　初めてパリを訪れる時に最も気になる情報といえば「治安」だと思います。「パリはスリだらけ」「置き引き・ひったくりも町中にゴロゴロ」「日本人は狙われやすい」というのは誇張ではありません。

　観光業界では「パリの治安について言及すること」は、タブーとまではいかないものの、「お茶を濁したい話題」であることは確かです。注意を喚起しすぎて「パリに行きたくない」と思われても困りますし、「何かあって責任を問われても困る」というジレンマがあるのです。犯罪率は確実に日本よりも高い国ですから、日本よりも犯罪の犠牲となる確率が高いことは間違いありません。そこは隠しても仕方がないと思います。ですが必ず犯罪の犠牲になるというわけではありません。

　2022年度に在フランス日本大使館に報告された日本人の犯罪被害件数は155件です（うちスリが68件、置き引き37件）。もちろん報告されていない被害もありますが、2022年度にフランスを訪れた日本人旅行客は約9万人（フィガロ紙による）、在仏日本人は3万人を超えますので、フランスにいる全ての日本人が被害に遭っているわけではないことはわかります。「こうしていれば確実に安全」という魔法の裏技はありませんが、リスク回避のため「どこにどんな危険があるのか？」を知っておくだけで、9割の防犯対策になると私は思っています。なるべく安全に過ごすための服装のアドバイスは、別章（P222）でお話しします。

スリ・置き引き・ひったくり

スリの被害に遭うのは日本人だけでも旅行者だけでもありません。油断をすればパリ生まれパリ育ちのパリジャンでも被害に遭います。つまり「スキがあると狙われる」ので、外国人であってもスキを見せなければ狙われないのです。

旅行の前は色々なことを頭の中でシミュレーションするものですが、スリ対策のシミュレーションをしておくのも効果的だと思います。私はよくお客様や日本から来た友人に**「泥棒の気持ちになって考えると良い」**とアドバイスして失笑を買うのですが、私自身、何度かスリの被害に遭ってから「カバンのこの位置なら手が伸ばせないよね」「ここに座っていればバッグをここに置いても手が届かないよね」といったように、メトロや人混みの中、カフェやビストロで、常に自問自答しながら生活しています。旅行前から毎日の生活で「あ、これをするとパリでは危ないのかな？」などと頭の中でシミュレーションしながら、常に持ち物に気をつける習慣を身につけておくと良いかもしれません。「パリに来るためにトレーニングが必要」というのも奇妙に聞こえますが、旅行する国の文化や歴史などに少しでも予備知識があることで旅行がさらに楽しいものになるように、生活習慣の面でも訪問先の肌感に少しずつ慣れていくと衝撃で心臓麻痺を起こすような事態は避けられます。

最近の被害例

空港から市内に移動する際、数年前から多発している大胆な強盗というのが、タクシーの座席に置かれたバッグ（ブランド品ならなおさら危険）を、バイクに乗った強盗犯が窓ガラスを割って盗むというものです。特に渋滞している時間帯に多い被害ですので、移動中に車が止まったらバッグが外から見えないように足元

に置いたり、外から手が届かない場所に置くようにしましょう。これはかなり過激な例ですが、近年渋滞が発生しやすい空港とパリを結ぶ高速道路で多発しています。

「スリ・置き引き」はどこにいても被害に遭う可能性がありますので、「ここは治安が良いと聞いてるから大丈夫」などという油断は禁物です。例えば、私は超高級ホテルでも絶対にバッグから目を離しません。泥棒目線なら、小綺麗な服装で高級ホテルに入り、お金がたくさん入っていそうなバッグを盗むと思うからです。

またレストランやカフェといった飲食店も、店内だからといって安心してはいけません。客のフリをして中に入ってくるスリもいます。日本ではよく見かける「バッグ用の籠」は星付きのレストランに行かないとないので、「カバンをどこに置こう？　地面に置くのは汚くて嫌だ」ということで、背もたれにかけたり空席に置いたりしがちですが、**バッグは常に自分の目の届く場所、人の手が届かない場所に置きます。**

ソファ席なら自分の真横に置き、開口部が隣に座った人の手に届かないようにする。椅子なら背もたれにかけずに子犬のように膝に置く。テラス席に座る場合は、決して空いた椅子などに置かない。道路側の空席など言語道断！　ここでも子犬のように抱えます。荷物を置く時には「泥棒目線で」置き方を考えてください。

パリの地上で最も多くスリを見かけるのは以下の場所です。

エッフェル塔近辺、凱旋門近辺、シャンゼリゼ大通り、ルーヴルなどの主要美術館の館内、チュイルリー庭園周辺、特にルーヴルのピラミッド近辺、オペラ座近辺、オペラ座のデパート、サクレ・クール寺院近辺、ノートル・ダム大聖堂（広場と内部）、セーヌ河岸（ポン・ヌフ橋の周辺）、パリ市内ではありませんが、大混雑するヴェルサイユ宮殿。つまり、全ての主要観光スポットです。

近頃パリ中心部で「危なっかしいなあ…」と思ってたまに声をかけてしまうのは（そして私が怪しまれるのですが）、斜めがけバッグのチャックを開けたままスマホで道の検索などをしている観

光客の皆さんです。ググれば何でもわかる大変便利な時代になり、スマホは旅行に欠かせないパートナーとなりましたが注意散漫になりがちですのでご注意を。

話しかけられたら「泥棒」と思え

　地上にいるスリたちは、**至近距離でないと盗めないため、何かを理由に話しかけてきます。**そしてほとんどのスリが若い男女のグループ（逮捕されても未成年はすぐに釈放されるので）。最近は募金を集めるフリもしなくなり、大人数で囲んでギャーギャー騒ぎ立て、パニックになっている間に盗んだりします。長髪の若い女子たちが近づいてきたらスリ集団ですので、冷静にかつ早足で逃げましょう。この大声で叫ぶ系の犯罪は最近頻発しているようなのですが、確かに日本で普通に生活していて突然道端で大声で叫ばれるということはまずないので（パリでは割とあることですが）、「驚かない」というのは無理ですが、「来た！　これが噂のスリ集団か！」と思って貴重品を抱えて逃げるようにしてください。

　一度エッフェル塔のそばで、鳩のふんのような黄緑色の液体が木の上から降ってきてパニックになっていたところ、スペイン語で「まあ可哀想に！　大丈夫？」と話しかけてきた旅行者らしき夫婦にスられたことがあるのですが、あの時は「鳩もグルなの!?」と仰天しました。今考えると鶏のふんとは思えないような蛍光色だったので、木の上に仲間がいたのかもしれません（笑）。だいぶ手の込んだスリでしたが、私のお財布の中身を開けてガッカリした様子を想像して立ち直ることができました。

　メトロの中や観光地で見かける若いスリ集団も今時の若者らしい服装をしているので、外国から来た皆さんには全く見分けがつかないと思います。前述の若者のスリ集団に関しては、私は顔つきや態度などで判別できますが、この鳩のふんを使った、観光客を装ったスリ夫婦に関しては全く警戒心を抱きませんでした。以

来、「人が近づいてきたら泥棒だと思え」と自分に言い聞かせて
います。

人混み＝スリがいると思うべし

　スリが最も好む仕事場はメトロの中です。特に朝や夕方の混雑
する時間帯。ドア付近にいると、サッと盗んでドアが閉まる前に
下車して逃げていきます。各駅で降りるというのも特徴です。混
雑した車内でスリのグループに囲まれて、知らず知らずのうちに
バッグを開けられて中身を取られ、ご丁寧にもチャックを閉めら
れているので、しばらくたたないと気がつかないということもあ
ります。

　メトロが混雑していたら、なるべく次の電車を待ちましょう。
次の電車が3分ほどで到着するなら次の空いた電車を待ちます。
何らかのトラブルが発生して間隔が10分ほど空くようであれば、
大混雑している可能性があるので地上を歩く、もしくは決死の覚
悟で荷物を胸にしっかりと抱えて飛び込みます。

　「混雑＝スリ」ということは、例えばルーヴル美術館やヴェルサ
イユ宮殿の館内で人がギュッとコンパクトに詰まった場所にもい
るということです。最近は前述のように観光客を装ったスリも多
いので要注意です。

　ルーヴルでガイド中に起きた事件。ある年輩の男性のお客様が
「シャッターを押してください」と金髪の綺麗な若い女性に頼まれ、
カメラの説明を聞いている間にもう一人の女性が妙に至近距離で
迫ってくると思ったらカバンに手が伸びて、カメラを奪い取りさ
ーっと逃げていったそうです。このお客様は、奥様にこっぴどく
叱られていました。

　広大なルーヴルでも必見作品『ミロのヴィーナス』『サモトラケ
のニケ』、アポロンのギャラリーに展示されているダイアモンド
と王冠の前、グランド・ギャラリーに並ぶダ・ヴィンチ作品の前、

そしてもちろん『モナ・リザ』の前は人だかりができやすいので**要注意**です。「人混みにはスリがいる」「話しかけられたら泥棒と思え」という警報が頭の中で鳴るようにスイッチをオンにしておくことが何よりも有効なスリ対策です。これもまたご出発前にシミュレーションをしておくと良いかもしれません。毎日の通勤電車の中で、デパートの中で…人混みに入ったら「あ、パリ行きの前に特訓！」とカバンを前に抱える練習をされると良いかもしれません。もしこの本を読んでくださる方がたくさんいたら、「あ、あの人パリ旅行に行くんだ、羨ましい！」と思われるかも？（笑）

　スリの仕事場である主要モニュメント周辺は「パリのショーウィンドー」です。世界中に「これぞパリの美しい街並み」と胸を張って見てもらうエリアです。おフランスのプライドにかけて国や市は犯罪防止に必死で、警官や対テロの軍隊も常に巡回していますし、メトロの構内には私服警官がパトロールをしています。何よりも人目もあるので巧妙なスリの存在は感じても、「身の危険」を感じることはありません。

西にお金持ち、東に庶民が住む

　実は私が個人的に身の危険を感じ、夜の一人歩きを避けているエリアは「スラム街」と、その真逆のセレブな住宅街です。なぜセレブな住宅街が怖いかというと、夜遅くまで営業しているカフェやバーもなく、「アラブ屋さん」（P205）もあまり見かけないので、夜道が寂しい、灯りがない、人通りがないからです。スラム街は、夜はもってのほかですし、日中も怖いので近寄りませんが、万が一そういう界隈に足を踏み入れた場合は、人目がある大通りを足早に歩くようにしています。

　P16でも述べていますが、パリは伝統的に「西にお金持ち、東に庶民」という風に東西で階級が分かれます。その理由の一つは19世紀の産業革命の際、工場がパリの東に建てられたことにあ

ります。風は主に西から東へ吹きますので、工場から出る煙がパリ全体を横断しないためです。工業地帯を避けたかったブルジョワ層が、当時はまだのどかな郊外の村だったパッシー村など、現在の16区周辺に居を構えたのでした。時代は少しさかのぼりますが、「俺様」太陽王ルイ14世によって負傷兵たちを収容するために建造されたアンヴァリッド（廃兵院）があり、パリの西30kmのヴェルサイユにも馬車でアクセスしやすい位置にある現在の7区周辺は、伝統的に貴族の方々が多く住むエリア。

　7区に官庁や大使館が多いのは、元貴族のお屋敷（Hôtel particulierと呼ばれる広大なお屋敷。巨大な門→馬車が止まる中庭→館→庭園という造り）が共和国に没収されたからです。凱旋門・シャンゼリゼがある8区もまた19世紀に中心部のガヤガヤした雰囲気から逃れたいセレブ層が、平野を開拓して立派なお屋敷を建造させたエリア。モンソー公園（Parc Monceau）周辺には、ロスチャイルド家の屋敷や、現在は年中無休の美術館となっているジャックマール・アンドレ夫妻の豪邸があります（豪邸の内装を見るだけでも価値あり！）。

　パリ西部のゴージャスなエリア（7区、8区、16区）は、街並みも美しくため息が出るような「花の都」のイメージそのものですが、夜になると店が閉まり途端に人通りが少なくなります。特に大通りから小道に入った途端に車も通らないので、私はあまりセレブなエリアでは夜の一人歩きはしません（そもそもご縁がないという理由もありますが）。実際に高級住宅街で高級ブランドを身につけて夜間に一人歩きをしていた男性が、複数の男に囲まれてスイス製の高級腕時計を盗まれたケースを耳にしました。**高級なエリアでも日没後、夜10時〜11時を回る場合は、タクシーの利用を強くおすすめします。**

　反対のパリの東側はというと、更地や工場や倉庫があった地帯が多く、初めてパリを訪れる方々に足を運んでほしいスポットはありません。12区にはワインを保管していたベルシー（Bercy）

という倉庫跡が、ちょうど横浜の赤レンガ倉庫のように新しいショッピングセンターやレストランになって賑わっています。13区はパリ最大のチャイナタウン（実際はラオスやカンボジア、ベトナムの移民が多い）がある区として知られますが、新しい国立図書館の周りも開発が進み、近代的な建築の高層ビルが次々と建設されています。パリ東部は、昔はとても庶民的なエリアでしたが、現在は特に治安が悪いというわけでもなく、若い富裕層に人気の住宅街となっています。

　現在のパリは、ロンドンやニューヨークといった他の大都市同様に、2000年代初頭の急激な地価高騰の影響で、ジェントリフィケーション（都市再開発が進み、居住者の階層が上がる現象）が進み、数年前には庶民的で、治安が悪いと言われていたエリアにも若い富裕層がアパルトマンを買って住むようになりました。フランスではこの若い富裕層をBOBO（ボボ）と呼びます。

　Bourgeois-bohème（ブルジョワ・ボエーム）の略で、2000年初頭にアメリカのジャーナリストが作った言葉。「パリに住む、学歴も収入も高いけれど、億万長者というほどではなく、富を誇示することよりも、こだわりと主張をもった豊かな生活を追求し、環境保全にも関心があり政治的には中道・左派の新しいエリート層」を指します。そんな人たちが住み始めたことによって、庶民的だったエリアには「素材にこだわったネオ・ビストロ」や「産地にこだわったオーガニックの食料品店」などができ、20年ほどですっかりおしゃれに変貌したエリアがあります。そういったエリアは一昔前の先入観から治安が悪いと言われることもありますが、若くて子どももおらず、経済的にも余裕があるBOBOたちが住んでいるので、遅くまで賑わいコスパも良いカフェ、レストラン、バーが多いのです。

　私も大好きな17区のバティニョール地区（Batignolles）や9〜18区のピガール（Pigalle）・アベス（Abbesses）近辺、10区のサン・マルタン運河（Canal Saint-Martin）周辺、マレやバスティーユ

（Bastille）にも近い11区や、12区のマルシェ・ダリーグル（Marché d'Aligre）周辺はBOBOたちに人気のエリアです。モンマルトルは別として主要な観光地ではないのでスリも少なめで、夜も営業しているお店が多く、人通りさえあれば一人歩きで怖いと思うことはありません。

　身の安全の確保のキーワードは「人通り」「人目があるか」「店が開いているか」「灯りがあるか」です。ですので、夜のパリを楽しみたい場合は、常に人通りがある中心部に泊まり、遅くまで営業しているカフェがあるような人通りのある道を散策するか、少し離れた地区に泊まっている場合は夜10時以降のメトロはなるべく避けて（特に乗り換えの長い回廊がある場合は要注意）、バスかタクシーを利用することをおすすめします。

絶対に近寄らないでほしい北東部

「ジェントリフィケーション」が進むパリですが、未だにパリが世界中から隠したいゾーンも残っています。実は私も娘が生まれる頃、3人暮らしのために大きめのアパルトマンを求めて家賃が安い18区の東端に引っ越したのですが、「これがパリ!?」と疑うような異次元ゾーンでした。北駅（Gare du Nord）に近いエリアだったのですが、今思うとよく住めていたなと恐ろしくなります。ヨーロッパの大きなターミナル駅の周辺は治安が悪いことが多く、パリもまた同様ですが、特に北駅は住み慣れた私でも近づくことはありません。北駅に近い4号線と2号線が通るバルベス・ロシュシュアール駅（Barbès-Rochechouart）前では、日中でもタバコや麻薬の密売人たちでごった返しています。

　バルベス・ロシュシュアール駅の隣、北駅と連絡しているラ・シャペル駅（La Chapelle）前やスターリングラード駅（Stalingrad）前でも麻薬を売っていたり、麻薬依存症患者たちが日中もゾンビのように徘徊しています。このエリアの危険は、観光中心部のス

リの危険とは別物です。まさか生きている間に目にするとは思ってもいなかった光景を目撃してしまうエリアです。

スターリングラード駅のそばに住んでいた時代は、娘を幼稚園に連れていく途中で道に麻薬用の注射器が落ちていることもありました。フランスでは銃器を合法的に所持することはできないため、パリ市内でギャングが銃撃戦を繰り広げるようなことはありませんが、貧しさと絶望から麻薬の罠にかかり「ゾンビ化」した依存症患者を目にすることのある界隈。そういう普通の状態ではない人たちは何をするかわかりません。このエリアに潜むのはそういう種類の危険です。

パリの北東部は観光で来られる方、特に女性は間違っても足を踏み入れてはいけないゾーンです。北駅を利用する場合は、タクシーやウーバーで駅の目の前で下車し、ユーロスターからパリ中心部へ移動する場合は、タクシー乗り場からタクシーに乗ることをおすすめします。並びますが、常に人がいるので安心です。

よく「モンマルトルは危険」と言われるのですが、今となってはモンマルトルは高級住宅地です。ただ、サクレ・クール寺院の東側はこの危険ゾーンに隣接していますので、最寄駅の**アンヴェール駅（Anvers）より東には行かない**ことです。これはとても不思議な現象で、狭いパリ市内では道一本、区をまたいだ瞬間に雰囲気がガラッと変わります。なのでゾンビ化した麻薬依存症患者が徘徊するエリアから自転車を10分もこげばセレブが住むようなモンマルトルの高級住宅街にたどり着くのです。このサクレ・クール近辺は特にその境界線がはっきりしています。

アンヴェール駅から東の駅は要注意。2・4号線が通るバルベス・ロシュシュアール駅周辺。2号線ラ・シャペル駅周辺。2・7・5号線が通るスターリングラード駅、北駅周辺。上記の駅周辺から東のペール・ラシェーズ墓地（Cimetière du Père-Lachaise）周辺までの北東部（10区の北、18区の東側、19区、20区の北側）。ここ

からビュット・ショーモン公園（Parc des Buttes-Chaumont）あたりまでのパリ北東部は避けたいところです。このゾーンの環状線沿いはさらに殺伐とした雰囲気が漂うので、パリジャンたちも近づかないエリアです。

　私は何度となく、スリの被害にも遭い、怖い体験や不快な思いもしてきましたが、その度に見ず知らずのパリジャンたちに助けてもらってきたので、矛盾するようですが、犯罪と隣り合わせの町であっても、「何かあっても助けてくれる人がいる」という安心感があります。転んだら手を差し伸べてくれたり、まだ若い頃しつこいナンパに困っていた時は見ず知らずの女性や男性が間に入ってくれたり、知り合いのフリをして助けに来てくれたこともありました。パリを歩いていると色々なドラマに遭遇しますが、困っている人がいれば必ず誰かが声をかけますし、私も助けに走ります。カバンが開いていれば「スリがいるから閉めた方が良いわよ」と声をかけられます。たまにメトロの運転手さんが「スリ（Piquepockets）がいるから気をつけて！」とアナウンスをすることもあります。この「ピックポケット」という言葉は覚えておくと良いでしょう。

　パリの住民たちは世界中からやってくる旅行者に「パリはスリの町、危険な町」と思われることに強い憤りを感じています。多くのパリジャンたちは旅行者の味方です。パリの陰の部分も隠さずお伝えしますが、こうしたパリジャンの素晴らしい人情溢れる一面も、ぜひお伝えしておきたいと思います。

トイレ事情

La question des toilettes

渡航前に「空気椅子トイレ」の特訓を！

「おフランスには便座のないトイレが多い」ということは、一度でもフランスにいらっしゃったことがある方ならご存知かと思います。私はもはや便座なしトイレに慣れてしまい、便座の有無を気にすることさえなくなりましたが、日本から来られたお客様が、よく驚かれるのが、モン・サン・ミッシェル（Mont Saint-Michel）に向かう途中に寄るサービスエリアのトイレ。「ガイドさん！便座がないんですけど、どうしたら良いですか？」と何度も困惑したお客様に聞かれたものでした。答えはズバリ「中腰」「空気椅子」です。中学生になった娘は「Wi-Fiで」と言います（笑）。

「なぜ便座がないのか」というと、汚いので便座には座らない女性が多いですし、掃除が簡単だからという理由もあると思います。慣れてしまうと中腰の方が素早くすみますし、中腰テクニックをマスターしたフランス在住者は日本に帰国しても皆「フランス流」です。団体ツアーのガイドをしていた時は、1秒でも早くトイレをすませてバスに戻らなければいけなかったので、床に裾がつかないピッタリしたズボンやスカートなど、空気椅子トイレに便利な服装を心がけていました（笑）。

　フランスに初めて来られる皆様は、旅行前から**「空気椅子トイレの特訓」をして、太ももの筋肉を鍛えておく**ことをおすすめします。ただ、フランスの女性の平均身長は164〜165cm、日本は157〜158cmで、日本に比べてトイレの便座が高いという見逃せない事実があります。身長162cmの私はヒールを履いていれば問

題ないのですが、ぺたんこ靴の時には「ん？　厳しいぞ」という高さの便座もあります。

　フランス在住の小柄な友人たちは、どうしても座高が高すぎる場合に備えて常に除菌シートを携帯しているそうです。日本では百均ショップなどで安く除菌シートが手に入るので、渡航前に用意しておくべきもののリストに入れておくと良いでしょう。除菌シートの効力が不安な場合は（私もそうです）、さらにトイレットペーパーを敷くなどせっせと環境を整えるしかありません。

　便座がない洋式トイレに驚くのは日本人だけではなく、某アジアの旅行客の中には便座の上に乗って、昔の和式トイレのように使用する方々もいるようで、「便座の上には登らないでください」という絵付きの注意書きも観光地で何度か目にしました。これはかなりのバランス感覚、運動神経が必要になるかと思いますので、おすすめしません（笑）。

教育施設にも便座がない

　娘が保育園に通うことになって、初めてフランスの教育施設を訪れた時に衝撃的だったこと、それは**小さな子どもたちのトイレの便器に便座がない**ということでした。保育園のトイレには大人の便座なしトイレのミニバージョンが並んでいるだけなのです。幼稚園も小学校も、そしてたまに外でも見かける「子ども専用トイレ」も同じように便座なしの小さなトイレです。つまりフランスの子どもたちは、便座なしトイレに直接かわいい小さなお尻をぺたっとつけて座って用を足すのが普通なのです。これには正直ショックで、「日仏ハーフなんて聞こえは良いけど、とんでもない国で子どもを産んでしまった」と申し訳ない気持ちになりつつも、「これがおフランスのスタンダードなのだから、慣れてもらうしかない」と自分に言い聞かせ、必ず夜はお風呂に入れ（フランスでは毎日入浴しない子もいます）、帰宅したら清潔にしてあげ

れば良いことにしました。「トイレに直接ペタ」でもフランスの子どもたちは立派にたくましく育っているのですから、私のスタンダードを娘に押しつけたらノイローゼになってしまいます。

　娘がオムツ卒業直後、まだ小さかった頃に公衆トイレを利用する際は、腕力のあるお父ちゃん（夫）がどっこいしょと抱えてさせていました。娘は3歳頃にはすでに立派な体重だったので、私には至難の業でした（笑）。こちらのお母さんたちは、便器のフチの上をさっとトイレットペーパーで拭いて座らせている人がほとんどです。もう少し大きくなって、我慢ができるようになってからはトイレットペーパーを敷くなどさせる人も中にはいますが、割と潔癖な方に限られます。もちろん日本の衛生観念が骨の髄まで染みついている私には、ペーパーで拭くだけでは精神衛生的に無理でした。そこでお父ちゃんに頼れない時に、代わりにお世話になったのは「便座シート」でした。日本のネット販売で取り寄せたものですが、これは娘の洋服が便器につくこともなく安心でした。大人の女性が便座なしトイレを利用する時にも使えるので、空気椅子ができない、自信がないという方にもぜひおすすめしたい便利グッズです。

　中学校に入学した娘の証言によると、公立の中学校のトイレは数が少ない上に、故障して使えないトイレばかりで、衛生状態もひどく、トイレットペーパーさえ常備されていないのだとか。公立の高校の先生であるパパ友の話によると、トイレットペーパーを備えつけてしてしまうと「ペーパーを大量にトイレに流すイタズラをして、すぐに詰まらせてしまう」からなのだとか…。フランスの学校に通ったことがない私には大変ショッキングでしたが、夫が若い頃、つまり30年前から同じ状況のようです。

　親として子どもの健康にも関わる問題なので学校に抗議をしたものの、後述の「なぜフランスには清潔な公衆トイレがないか」の理由と同じで、「衛生観のスタンダード」が教育されていないこと、「公共物を損害する」行為が一部の若者の間では「かっこいい

こと」かのように捉えられていることが原因かもしれません…。

まれに見かける「トルコ式トイレ」

　さらに衝撃的なトイレが、「トルコ式トイレ」と呼ばれるものです。最近はあまり見かけなくなりましたが、たまにパリや地方の古いカフェで見かけます。日本の和式トイレに近く、地面に四角く凹んだ便器があり、真ん中に足置き場があり、そこに足を乗せてしゃがみます。便座に座らないのでこの方が清潔だとする説もありますが、私はハネが飛ぶので決して清潔な気がしません。

　なぜトルコ式と呼ぶのかは諸説あり、どれも確かではないのですが、面白かったのは「用を足す時に脱いだズボンを頭に巻いたらトルコのターバンみたいだから」という説（笑）。確かにこのタイプのトイレはズボンが汚れそうなので脱ぎたくなる気持ちがわかるのです。フランスに滞在したことのある日本人の友人たちの「これは辛かったわー！」という体験談の例によく挙がります。旧式の和式トイレを経験したことがある昭和生まれの私にとっては、それほど驚くことではないようにも思えますが、おフランスのトルコ式トイレには最後に強烈な罠が待っているのです。それは、トイレを流す時に床の高さの便器全体を洗うため、ものすごい勢いで水が放出され足がズブ濡れになってしまうのです。万が一遭遇した場合は**水を流す前にドアを開け、洗浄ボタンを押した瞬間に素早く逃げられる準備**をしておきましょう。

清潔な公衆トイレが少ない

　私が4年ぶりに帰国して最も感激したことは、日本のトイレ事情です。羽田に到着し「日本に帰ってきたなあ」と最も実感する空間は、「トワレット・ア・ラ・ジャポネーズ」。清潔で明るくハイテクで、負の空気を全く感じないのです。「ここに住めるくらい

きれいだね」と、久しぶりに日本のトイレに入った11歳の娘が最初に口にした感想です。たかがトイレ、されどトイレ。このトイレからその国の多くを知ることができると思います。気候や宗教、歴史などお国柄がストレートに表れる空間なのです。

　日本はとにかく清潔に「とことんこだわる国」。「水が流れるだけ優秀、トイレットペーパーがあるだけありがたい」というトイレ事情の国からやってくると、日本のハイテクで清潔なトイレは摩訶不思議でさえあります。人間の最も自然で原始的な生理現象をすませるだけの場所に、ここまでの創造力やエネルギーを費やし、こだわる国は日本だけではないかと思います。「なぜ日本の公衆トイレは清潔なのか？」と、ロダンの『考える人』のように自問して私がまず思ったことは「日本人の恥じらい」です。「自分がトイレを出た時に汚れていたら恥ずかしいからきれいに使う、人目を気にする」という日本人の国民性ではないかと思います。

　一方、なぜフランスには清潔な公衆トイレがないのか。フランスで頻繁に直面するジレンマが、「自分が入った時にすでに汚れていたけど、このままにして出たら自分が汚したと思われる。でも人が汚したトイレを掃除するのもシャクだなあ…」というもの。日本人同士の会話では「あるある！」なのですが、おフランスの女性たちは仰天するような状態のトイレから出てきても涼しい顔をしている人が多いのです。「アタシじゃないしー。公衆トイレは汚くて当然だしー」なのです。もちろん、フランス人の女性たち皆さんが衛生観念がないわけでも、自分勝手なわけでもないのだと思います。

　「衛生観のスタンダード」は日本でもフランスでも、家庭によって多少なりとも違いはあると思います。その家庭の事情でお掃除の頻度も異なり、ある家庭では「汚い！」と大慌てで掃除が始まってしまう汚れも、お隣では「これくらいならまだイケる」レベルかもしれません。それはどこの国も同じだと思います。

　ではなぜ日本の「集団的な清潔のスタンダード」のレベルが高

いのか？と考えた時に、**日本にはあってフランスにはない習慣の一つ、「学校でのお掃除の時間」**が思い浮かびます。日本ではこの集団でのお掃除の時間を設けることで、学校教育の一環で「これがきれい。これが清潔」という衛生観念のスタンダートを教わりますが、フランスでは教わる機会がないためではないかと思うのです。校舎の掃除を生徒が行うことはなく、「みんなで使う場所はきれいに使いましょう」という日本人ならば初等教育から頭にインプットされる標語も、学校内で実践して教えられることはありません。フランスで今までに何度も「学校で掃除を教えるべき！」と意見しましたが、その度に「清掃員の仕事を奪う」と反論されてきました。つまり公共の場を汚しても、「それを掃除する人たちがいるから」と悪びれない人がとても多いのです。

　日本のトイレや町全体の清潔さは「集団でルールを守る」という生真面目な国民性にあるように思えます。日本の治安が良いのは、警察官の数が多いからではなく、国民全体の中に「ルールを守る人たち」の割合が高いからだと私は思います。

　最後に私の勝手な想像ですが、なぜ日本がトイレに限らず、町も家の中も、そして人も清潔なのか？　それは、古くからの「清める」ということに込められた意味の違い、そこからくる感性の違いなのではないかということです。例えば日本では神社にお参りする時も必ず手を洗いますし「清める」という行為で神様やご先祖様へ敬意を表してきました。不衛生では邪気を呼ぶという感覚が古くから培われてきたのではないかと。そして「洗うこと」は「清めること」です。フランスでは中世のペストの大流行以来、**「水」は「病気を広めるもの」「危険なもの」**とされてきました。華やかなヴェルサイユ宮殿の王侯貴族たちがお風呂に入ることはなく、悪臭を隠すために香水が発達したというお話はあまりにも有名です。何百年も信じられてきたことというのは、どんなに科学や医学が発展しても、その民族から簡単に消えるものではないのかもしれません。

パリの公衆トイレの歴史

Histoire des toilettes publiques

「花の都パリ」は「う○○の都」

「トイレはどこでも無料」という日本の常識が、なぜ21世紀のおフランスで実現できないのか、パリの公衆トイレの歴史をひもとき、私なりに分析してみようと思います。

2000年前のパリは「ルテシア」と呼ばれるローマ帝国の支配下にあった都市でした。大人気の漫画『テルマエ・ロマエ』にも見られるように、古代ローマには浴場も公衆トイレも下水道も水道橋もありました。古代ローマの公衆トイレは、壁沿いのベンチに穴が開いたもので、大きなトイレは40人ほど収容できたのだとか。穴と穴の間に仕切りはなく、トイレは社交の場でもあり、隣の人と用を足しながらおしゃべりをしたのだそうです。もちろん当時はトイレットペーパーなどなく、先っぽに海綿がついた「お尻拭きスティック」を水に浸して拭いていました（他の利用者と仲良く共用）。

ローマ帝国の支配下に置かれた都市は、ローマをモデルにどこも同じ町づくりでした。紀元前52年にローマ帝国の支配下に置かれたケルト民族パリシー人（Parisii）のオピドゥム（城壁町）はルテシアと名づけられ、大浴場や闘技場などの施設がありました。今でもその遺跡を見ることができます。有名なサン・ジェルマン大通りは、ローマ時代にはすでに町の東西を貫く基幹道路でした。現在のフランスの先住民族ガリア人がローマの支配下に組み込まれた時期を「ガロ・ロマン時代」と呼びます。

河川交通が発展していたローマ時代、北大西洋へ流れるセーヌ川を有するルテシアは、重要な河川貿易の町として栄えました。

1章　パリ滞在の基礎知識｜コラム

079

パリは海辺の町ではないのに、パリの紋章が風を受けて進む帆船であることは、ここにルーツがあります。

　ローマ帝国の滅亡後（476年）、ほのぼの公衆トイレは姿を消し、長い長い年月の間セーヌ川のほとりで、木陰で、狭い道の陰で用を足す「パリの空の下公衆トイレ」になります。もちろん家の中にトイレがあるはずはなく、オマルの中身を家屋の窓から「水だよー！」という叫び声とともに威勢よく外に投げ捨てていました。石畳が敷かれる前のパリの町は泥だらけ、そこに汚物が堆積、その上を人や動物が往来していました。そしてなんと、これは産業革命がやってくる19世半ばまで続きます。そう、「花の都パリ」は「う〇〇の都」だったのです。

　歴代の国王たちが、人口密度が高く道幅が狭く、汚物が堆積した悪臭漂うパリの町を嫌ってヴェルサイユやフォンテーヌブローのお城に逃げたのも不思議ではありません。18世紀には、ルーヴルの向かいにあるパレ・ロワイヤルの宮殿に住んでいた国王ルイ16世の従兄オルレアン公はあまりの悪臭に耐えかねて、敷地内に12個の有料簡易トイレを設置しますが、このシステムは市内に広まることはありませんでした。ちなみに1回の使用料は2スー（現在の価値で1ユーロ）でトイレットペーパー込みだったそうです。本気でクリーンなパリのために尽力した最初の人物は、1833年七月王政下にセーヌ県知事に就任したクロード＝フィルベール・バルトロことランビュトー伯でした。

　古い中世のパリを大改造した人物といえば、ナポレオン3世時代のオスマン知事が有名ですが（オペラ座通りなど）、実はオスマン大改造の20年前に、パリの衛生革命を起こし、町の近代化の礎を築いた人物こそランビュトー伯なのです。ランビュトー伯が知事に就任する前年の1832年、中世と変わらない衛生状況だったパリでコレラが蔓延し、1万8000人のパリジャンが命を落としました。しかも産業革命が始まったパリの人口は激増したので、迅速な衛生面の改善および治安の改善が求められました。

初の公衆トイレ、ヴェスパジエンヌ

　彼は夜間の犯罪防止のために8000以上のガス灯を設置、入り組んだ狭い路地裏での犯罪・排泄などを避け、風通しが良く明るい道をと、パリで初めて13mの幅の通りを開通させ（現ランビュトー通り）、街路樹を植え、今でも残る噴水を各所に設置、パリの地下に下水道網を拡大させます。そして1832年に初めて「ランビュトーの柱」と呼ばれる男性用の公衆トイレを500個設置します。これは現在パリの町でよく見かける緑の広告塔「モリスの柱」に似たもので、柱の一部がくり抜かれ、男性一人が用を足せる公衆トイレなのですが、トイレに自分の名前をつけられたくなかったランビュトー伯がヴェスパジエンヌ（Vespasienne）と改名します。

　この名称は、ローマのコロッセオを建設させ、「オシッコ税」を徴収したことでも知られるローマ皇帝ヴェスパシアヌス帝からきています。歴史上初めての有料公衆トイレと言われていますが、公衆トイレの利用者がお金を払うのではなく、当時尿は羊毛の油を洗い流すために使われていたため、無料で回収した尿を国が有料で売っていたのでした。最初のヴェスパジエンヌはただの柱がくり抜かれたものでしたが、後々水洗式となり、下水道に接続されたり、一人用から20人まで利用できるような大型のものも登場しました。ヴェスパジエンヌには広告が貼られ、広告料がトイレのメンテナンス費用としてあてがわれました。しかしせっかく無料のトイレが設置されても、身についた習慣というものは長い年月をかけても完全になくなることはなく、当時も現在もパリの青空トイレは健在。そしてメトロの通路なども未だに異臭が漂っています…。

　1900年代には1000個のヴェスパジエンヌがパリ市内に設置されますが、1945年以降急速に減少していきます。なぜ消滅していったかというと、人から見えない場所というのは犯罪の温床に

なりやすく、売春や麻薬の売買に格好のスポットとなったからです。無料で無人の公衆トイレが今でも少ない理由はここにあります。上記の犯罪に加え、路上生活者によって占拠されるという問題も発生しました。破壊行為（落書きや便器の破損・盗難）や、清掃員・管理人への暴行・窃盗はもちろん、この清掃員が売春の斡旋業を副業にした例もあったというのです。誰もが無料で安心して使える清潔な公衆トイレが、おフランスにとってはコンコルドを造るよりもいかに難しかったかという歴史的背景が見えてくるのです。

便座付き公衆トイレ、ラヴァトリー

　時代は遡りますが、女性も利用できる個室の便座付き公衆トイレ、ラヴァトリー（Lavatory／イギリスから伝わったので英語）が誕生したのは1905年でした。ヴェスパジエンヌよりも建設費用が高額なため、パリ市内には100ケ所程度しか設置されませんでした。その第1号はマドレーヌ寺院の真横に誕生していました。
　その個室・便座付き・男女共有公衆トイレ第1号は12年間の改修工事を終え、2023年2月に再オープンしました（P101）。2011年には歴史的建造物に指定された美しいアール・ヌーヴォー様式で、靴磨き台も保存されていて、木やタイルを使ったエレガントな内装は、ベルエポックにタイムスリップしたかのように思わせてくれます。もちろん有料ですが、その分清潔で安心して利用できます。

自動洗浄無料公衆トイレ、サニゼット

　一度パリを訪れたことがある方なら誰もが目にしたことがある灰色のブロック型トイレ、サニゼット（Sanisette）は、1980年代鳴物入りで登場したパリ市ご自慢の「無人・無料・自動洗浄公衆

トイレ」でした。あるパリのトイレ通の知り合いが「地獄の入り口」と呼んでいましたが、確かに日本のトイレにはない負の空気が漂ってきます。利用した後に内部が水で洗浄されるのですが、1981年に5歳の少女が閉じ込められて死亡した事例もあったため、私も「閉じ込められたら怖い」と24年間のパリ生活で一度も利用したことがありません。私の周りのパリジャンたちも、パリ在住の日本人の友人たちも（先のトイレ通の友人を除き）全員未経験です。この事件以来サニゼットは改良され、利用時間の制限（15分経過後自動的にドアが開きます）、麻薬依存症患者が脈に注射できないようにブルーライトを使用、煙のセンサーや自動消火装置なども設置されているそうですが、安心して誰もが気軽に無料で利用できる公衆トイレというイメージは勝ち取っていないようで、2021年のIFOP（フランス世論研究所）によるアンケートでは80％のパリジャンは未だに、公衆トイレへのアクセスは困難と答えています。

　このサニゼットの製造メーカー（JCDecaux）は、さらにハイテクで安心な公衆トイレを2024年末にパリ市内に設置すると発表していますが、多くのパリジャンたちは、おフランスの「自動」という言葉を信頼していないため、使っているのは、外国人旅行者、有料トイレや施設を使うお金がない、またはトイレのために一銭も使わないと決めている人たちに限られているという現実が見えてくるのです。

地獄の入り口

いざという時の強い味方「カフェ」

　では、パリジャンたちはどう乗り切っているのか？「こんなにトイレに不便な町に住んでいるRyokoさんやパリジェンヌの皆さんは普段どうなさっているんですか？　不便だと感じられませんか？」とよく言われるのですが、私の場合は不便や危険など、不愉快なシグナルを日に何度も感じていると、「このままではプツッとキレる」と無意識のうちに脳が察知して、最初は「あり得ない」と思っていたことも少しずつ諦めや慣れに変わっていくので、不便さや危険ともうまく付き合いながら生きていけているのです。

　外出をする際は、仕事に行く、人に会う、買い物をする、美術館、図書館、映画館に行く、散歩をするなど目的が決まっています。人に会う時はカフェやレストランにはトイレがありますし、美術館などの施設にももちろん無料でトイレがあります。問題は、ショッピングの途中、散策の途中です。散策の途中にもよおした場合、**近くに無料で入りやすいトイレがない時にはカフェ**に入ります。トイレに行きたいし、ついでにひと休憩という感じです。

　急いでいる時は、カウンターのあるカフェを見つけてカウンターで、Un café, s'il vous plaît.（アン・カフェ、シル・ヴ・プレ）とコーヒーを1杯注文して、Combien？（コンビアン？／おいくらですか？）と聞きお勘定をすませ、Où sont les toilettes？（ウ・ソン・レ・トワレット？）または単純に、Toilettes？（トワレット？）と尋ね、トイレを使わせてもらいます。

　カウンターは席料がないので安いお店は1ユーロ、高くても2ユーロくらいです。パリ初心者の方にはハードルが高いと感じられるかもしれませんが、今回私の周りのパリジャンたちに「緊急時のトイレはどうする？」と問いかけたところ、女性たちは見事100%「カフェ」という返答でした。「きれいってわけじゃないけどね」という付け足しも全員共通。「悪いんだけど、トイレ使わせてもらえない？」と頼んで無料で使わせてもらうという友人も

います。「どうぞ」と言ってもらえることもあれば、「コーヒーだけでも頼んでくれ」と言われることもありますが、「OKか聞くのは無料」と彼女は言います（笑）。パリジャンにとっては「いざとなった時にはカフェがある」ので外出時のトイレ問題はそれほどストレスではありません。何せパリの中心地には公衆トイレよりも断然カフェの方が数が多いですから、カフェさえあれば安心。なので、私はカフェの数が少ない区には足を踏み入れません（笑）。

　そして、カフェには人がいます。「当たり前じゃないか」と思われるかもしれませんが、人がいるということで安心感があるのです。前述のように、私はパリではどのエリアの道を歩いていても、どの時間帯でも、「人がいるかいないか」で「危険か安全か」を判断しています。無人・無料のトイレは衛生面でも避けたいところがほとんどですが、パリの観光地で無人・無料の簡易トイレに入る瞬間に襲撃されたというショッキングな話も聞くので、安心料だと思ってコーヒー代を払ってでもカフェのトイレに入ります。パリジャンたちもできるだけ無料ですませようとはしますが、いざとなった時には、トイレはお金がかかるということは覚悟していますし、パリではそういうものと思ってしまえば、ストレスも減るように思います。

　別の章でもカフェについてお話ししますが、**カフェはコーヒーを飲むだけではなく、様々な緊急時に駆け込むことができる頼り甲斐のある存在**だと私は思っています。何度か道端でセクハラに遭った時に近くのカフェに入って「変な人につけられてるから避難させてください」と、交番のように助けを求めたこともあります。その度にウエイターやバーマンが親切にかくまってくれました。コロナ禍の「ブティックは開いていても飲食店は閉まっている」という時期は、いざという時のカフェがないことが精神的に不安で外出を控えていたほどです。

　さて、自分一人の時はマイペースでふらっとカフェに立ち止まれるから良いのですが、オムツ卒業後の娘に「ママ、オシッコ！」

と突然言われた時には、「オムツは楽だった！」と舌打ちしたものです。そんな時はどうしていたかというと、「一番近くにあるカフェでトイレを借りる」でした。もちろん私だけコーヒーを頼むこともありましたが、子ども連れの場合はわざわざ注文しなくてもトイレを使わせてくれます。

「フランス人は子連れに優しい」ので、緊急時はカフェやビストロなどに入り、Ma fille/Mon fils a besoin d'aller aux toilettes.（マ・フィーユ／モン・フィス・ア・ブゾワン・ダレ・オ・トワレット　娘／息子がトイレに行きたがっています）とお願いしていました。パリでも田舎でも断られたことは一度もありません。去り際に「メルシー・ボクー」と笑顔で挨拶をすれば、皆さん愛想よく娘に「バイバーイ」と手をふってくれたものでした。今ではすっかりカフェ好きとなった我が娘は、「せっかくだからディアボロ・モントでも飲ませて」と贅沢なことを言うようになり、トイレだけ利用することは減りました（笑）。人が多いカフェなどはシラーッと入ってシラーッと出られそうですが、私は必ずウエイターさんか、カウンターにいるバーマンやオーナーに一言お願いしていました。意外に思われるかもしれませんが、フランス人は本当に困っている人には腕まくりをして助けてくれる人情深さがあります。緊急時の親の底知らずの度胸で、いざという時はこの手を使ってください。

カフェの中には、カウンターでコインをもらってトイレを利用する店も

ファストフードのトイレはコード式

「ファストフードならシラーッと入って使えそう」と思ってはいけません。おフランスのファストフード店のトイレは「コード式」になっていて、**オーダーした後受け取るレシートに、トイレにアクセスするためのコードが記載**されています。ファストフード店でも、子連れで緊急時の際は「子どもがトイレに行きたがっています。コードをください」とお願いしたり、混んでいる時はトイレから人が出てくるタイミングでドアをカッと押さえて入ったり、もしくはお客さんの一人に「すみません！ トイレのコードを教えてください！」と頼んだこともあります。赤の他人に声をかけたり、助けを求めることはいたって普通のことなのです。どうしても抵抗感がある場合は、ジュースでもテイクアウトしてレシートをゲットします。ただファストフード店の、特にハンバーガーの店のトイレは衛生面で非常におすすめできません。

ファストフードのトイレはコード式

いざという時のデパート

カフェの他によくパリジャンたちが利用するのがデパートのトイレです。友人たちへのアンケートでも「カフェかデパート」という返答がありました。飲食店や有料の文化・娯楽施設、もしくは図書館や区役所などの公的機関以外で、一般に無料で開放されているトイレはデパートやショッピングセンターしかありません。2024年現在、無料で利用できるデパートのトイレと、それぞれのデパートについてお話しします。

Galeries Lafayette（ギャラリー・ラファイエット）

Galeries Lafayette Haussmann（本館）

40 bd Haussmann, 75009 Paris

Galeries Lafayette La Maison & Le Gourmet

（グルメ・メゾン館）

35 bd Haussmann, 75009 Paris

Galeries Lafayette Homme（メンズ館）

48 bd Haussmann, 75009 Paris

1893年、ちょうどオスマン大改造でパリが近代的な町に変身していった時代、そして鉄道網が急速に発達した時代に、パリ初の鉄道駅サン・ラザール駅と目と鼻の先に、アルザス地方出身の従兄弟二人が小さな雑貨店を開業します。完成まもないピカピカのオペラ座とサン・ラザール駅に近いという立地の良さで大繁盛。1912年に現在のアール・ヌーヴォー様式の美しい大百貨店がオープンします。クリスマス・シーズンになるとパリの各デパートが美しい飾りつけを施しますが、ギャラリー・ラファイエット本館のツリーは最もspectaculaire（壮大）なスケールで、クリスマスシーズンに突入すると「今年はどんな飾りだろう？」とついつい見に行ってしまいます。ニューヨークのロックフェラーセンタ

ーのツリーのような存在かもしれません。「デパートといえばギャラリー」というわけで、最も混雑するデパートでもあります。

　ルイ・マジョレルの欄干やガラスと鉄のクーポラ（クポール）の天井が美しいアール・ヌーヴォー建築の本館は便利だった地下1階のトイレがなくなり、6階まで上がらなければならなくなりました。店の最上階の一ケ所に集中させることでトイレ客を減らそうという戦略なのでしょう。そのかわり女性トイレの数が増え、空いているトイレの上には緑のサインが点灯するので効率が良くなりました。6階にはパリのお土産フロアがありますし、もう1階上がって屋上からの景色も楽しめます。

　グルメ・メゾン館の最上階の奥のトイレは、私の動画でもご紹介しましたが、最も頻繁にお世話になっているトイレです。本館よりも人が少ないのと、最上階に上がる必要がないという理由もありますが、私が普段の生活で利用するのはグルメ館だけなので必然的にこちらを利用する機会が多いのです。グルメ館に立ち寄れば、日本のコンビニと同じように「トイレついでに何か買おう」となり、パンやチョコレート、もしくは地下でボルディエのバターを買っていきます。食品館なので、本館のデパートよりも「ついでに買えるもの」があるわけです。これはいたって日本人的感覚なのでしょうか、フランスだと本当にトイレだけ利用する人が多いので、スーパーなどの商店にはお客用のトイレはありません。メンズ館には1階（男性用）と、3階（女性用）にあります。

　ちなみに階の表記は全てフランス式。1階は日本の2階です。

Printemps（プランタン）
Printemps Haussmann Homme（本館＆メンズ館）
64 bd Haussmann, 75009 Paris

　1865年創業のパリを代表するデパートの一つで、中に入っているお店もライバル店のギャラリー・ラファイエットとほぼ同じ。本館の6階には美しいクーポラがあり、メンズ館の屋上テラスには絶景レストランもありますが、なぜか人が少ないプランタン。一時期トイレが有料化されましたが、現在は無料です。サン・ラザール駅にも近いので、私はよくこちらのメンズ館8階のバルコニーでお茶をします。メンズ館のトイレは、4階、8階（男女個室1個ずつのみ）にあり、空いているのでおすすめです。本館のトイレは1階、6階、7階にあります。

Le BHV Marais
（ル・ベー・アッシュ・ヴェー・マレ）
52 rue de Rivoli, 75004 Paris

　パリ市庁舎の目の前、マレ地区の入り口にあり、地元パリジャンに最も愛されるデパートBHV。我が家は日曜に美術館の帰りなどに寄って、インテリア用品や日曜大工の工具、日用雑貨、文房具、本など、フロアを変える度に足を止め、時間を忘れて長居してしまうデパートです。他のデパートとは違い、旅行者よりもパリジャンが利用する百貨店で、どことなくほのぼのとした雰囲気で居心地がよいのです。1856年にオープンした釘1本から買えるBazar de l'Hôtel de Ville（市役所前のバザール）は、元々日曜大工の専門店でしたので、インテリア用品やDIYが大好きなパリジャンたちに支持され続けています。そして他のデパートに比べて男性客も多いのが特徴です。店員さんたちはなぜか「マイペースでリラックス」なのですが、皆さん各フロアのエキスパートなので、

質問をすればとても詳しく商品の説明やアドバイスをしてくれますので、パリで生活を始める方々には頼もしい存在です。ただトイレは5階のみで、数が少なく女性トイレは行列していることが多いかもしれません。

Le Bon Marché Rive Gauche
（ル・ボン・マルシェ・リヴ・ゴーシュ）
24 rue de Sèvres, 75007 Paris

　世界最古のデパートであり、現代の消費形態を生み出したボンマルことボン・マルシェ（Bon Marché）。初めて商品に定価をつけ、量産によるマージンの削減、商品の配達や交換、バーゲンセール、紳士たちのための読書室、地方からやってくる買い物客のためにホテルを創業（左岸で唯一のパラスホテルLutetia）。創始者ブシコー氏と夫人が生み出したアイディアは、今も世界中のデパートで受け継がれています。ボン・マルシェはグルメ館（La Grande Épicerie de Paris）を私のYouTubeの動画で紹介しましたが、本館と同様、今のパリジャンたちが求めるものを敏感にキャッチしたハイセンスな製品が揃うので、定期的なパトロールは欠かせません。オペラ座界隈のデパートに比べて人も少なく、客層も優雅な方が多く、落ち着いてショッピングを楽しめます。トイレは、本館の1階（女性トイレのみ）と3階にあり、清潔でとてもおすすめです。

　そしてボン・マルシェのあるバック通りには、奇跡のメダイ礼拝堂（Chapelle Notre-Dame-de-la-Médaille-Miraculeuse）があります。私のお土産動画でも紹介していますが、先述の1832年のコレラ大流行の際に、こちらのメダイを持っていた人は疫病を免れたという言い伝えから現在も人気のパワースポットとなっています。こちらの礼拝堂のトイレも無料で利用できます。メダイは小さいものなら1ユーロ程度で買えますので、トイレを拝借したら隣のショップに立ち寄ってみてください。

Samaritaine (サマリテーヌ)

9 rue de la Monnaie, 75001 Paris

　2021年、16年ぶりに再オープンした1869年創業の老舗デパート。ルイ・ヴィトンのLVMHグループが、2001年にポン・ヌフ橋前のアール・デコ様式の建物を買い取り、2006年に安全上の問題から閉鎖。7年間の改修工事で見事に創業当時の輝きを取り戻しました。私がパリに移住した当時はまだ庶民的なデパートで、地下にはスーパーもあったのですが、ルイ・ヴィトン様のデパートとなってからというもの、私がお手洗いついでに買えるものはなくなってしまいました（笑）。ただヨーロッパ最大の面積を誇るコスメ売り場は非常に充実しているので、見ているだけでも楽しいフロアです。お手洗いもコスメ売り場がある地下1階に2ケ所あるのも嬉しいポイント。デパートの立地も、**ルーヴル美術館の東門とノートル・ダム大聖堂の間、ポン・ヌフ橋の目の前**というまさにパリのおへそにありますので非常に便利です。

　現存するパリのデパートが続々とオープンした19世紀後半は、アール・ヌーヴォー様式が流行した華やかなベルエポックの時代。特に巨額の改装費用を注ぎ込み、伝統工芸の職人技によって蘇ったサマリテーヌの階段や最上階のフレスコ画は必見です。ギャラリー・ラファイエットとプランタンの美しいクーポラや、エッフェル塔を設計したギュスターヴ・エッフェルが手がけたボン・マルシェのエレガントで明るい内装も、それだけでも見に行く価値のある歴史的建造物ですので、お手洗い、買い物で立ち寄った際はぜひ足を止めて、素敵な写真をお撮りください。

プランタン：本館は1・6・7F。
メンズ館は4・8F（→P90）

無料トイレのある
デパート

dans les grands magasins

ボン・マルシェ：本館1F（女性のみ）・3F（→P91）

ギャラリー・ラファイエットの
シャンゼリゼ店：レシートがあれば無料（→P100）

サマリテーヌ：地下1F（→P92）

1章 パリ滞在の基礎知識｜トイレ事情

093

入場無料の美術館・博物館を利用する

デパートの他に、パリの中心部で無料で利用することができるトイレといえばパリ市立の美術館・博物館です。ルーヴルやオルセーといったパリのメジャーな国立美術館は大混雑している上に有料で、館内も広くアクセスは難しいのですが、実はパリ市立の美術館は無料な上に空いていて、非常に充実した展示品が揃っています（※モードの美術館であるパレ・ガブリエラと狩猟自然博物館は除く。特別展は有料）。荷物検査さえ通過してしまえば、無料でお手洗いのついでにアートも堪能できてしまうという穴場スポット。観光にも便利な場所にある私のおすすめの美術館をいくつか紹介します。

Petit Palais-Musée des Beaux-Arts de la Ville de Paris （パリ市立プティ・パレ美術館）
Av. Winston Churchill, 75008 Paris

　こちらはパリ市立美術館の中でもイチオシの美術館。グッタリするシャンゼリゼ界隈の散策の途中にぜひ立ち寄ってほしい憩いの場です。1900年の万国博覧会の際に建設されたプティ・パレ（Petit Palais）は、アール・ヌーヴォー様式の建築が特徴で、向かいのグラン・パレ（Grand Palais）や、パリで最も華麗な橋アレクサンドル3世橋（Pont Alexandre III）とともに、パリが最も華やかだったベルエポック時代を象徴するモニュメントの一つです。

　こちらの中庭には私のお気に入りのミュージアムカフェがあります。大理石の円形の回廊が緑を囲む落ち着いた空間で、シャンゼリゼ界隈の混雑したカフェが苦手な私はこちらに安息を求めて避難します。建物の美しさもさることながら、古代から20世紀まで網羅された常設展のコレクションも見応えあり！　セザンヌやモネ、ボナールの作品も見ることができます。トイレは荷物検査

通過後、すぐ目の前にある階段を降りた地下にあります。

Musée Carnavalet - Histoire de Paris
（カルナヴァレ - パリ市歴史博物館）

23 rue de Sévigné, 75003 Paris

　マレ地区のメイン・ストリート、フラン・ブルジョワ通り（Rue des Francs-Bourgeois）にあり、パリでも珍しい16世紀のルネッサンス期建造の屋敷がパリの歴史博物館になっています。2021年に4年間の改修工事を経てリニューアル・オープンしました。新石器時代の木舟から、マリー・アントワネットの髪の毛、マルセル・プルーストの寝室や、1901年にアルフォンス・ミュシャが内装を手がけたアール・ヌーヴォー様式の宝石店フーケ（Fouquet）をそっくりそのまま再現したスペース、昔のパリの商店の看板などなど、美術マニアでなくても「へー！」と思わず感動してしまう展示品が揃い、時代ごとにパリの歴史の流れを感じることができる博物館です。入り口はセヴィニエ通り（Rue de Sévigné）ですが、フラン・ブルジョワ通りからはセキュリティ・チェックを通って中庭に入ることができます。この中庭に改装工事後にオープンしたカフェ・レストランがあり、マレ地区では珍しく開放的な空間で、お天気の良い日はパラソルの下で、近くのメール（Méert）で買ったゴーフルを食べながらゆっくりお茶ができるのでとても気に入っています。カフェのトイレは中庭からも直接入れます。

Musée Cognacq-Jay （コニャック・ジェイ美術館）

8 rue Elzévir, 75003 Paris

　カルナヴァレ - パリ市歴史博物館のすぐご近所に、もう一つおすすめの無料博物館があります。先述の百貨店サマリテーヌの創業者ご夫妻が収集した18世紀の美術品・装飾品のコレクション

1章　パリ滞在の基礎知識｜トイレ事情

095

を見ることができる美術館です。こちらも建物は16世紀に建造された貴族の館。18世紀の貴婦人たちの肖像画やドレスを見るのも楽しいですが、ピリュリエや嗅ぎタバコ入れなど、とても細かい細工を施した美しい装飾品・小物はとても見応えがあります。カルナヴァレ博物館よりも来館客が少なく、セキュリティ・チェックも簡単で入館がスムーズなのでお急ぎの際はこちらをおすすめします。トイレは入館してまっすぐ廊下を進んだ突き当たりです。

Musée des Archives Nationales - Hôtel de Soubise
（フランス国立公文書館）

60 rue des Francs Bourgeois, 75003 Paris

　カルナヴァレ - パリ市歴史博物館をポンピドゥーセンターの方に向かって進むと、同じフラン・ブルジョワ通りにひときわ厳重な石造の塀に囲まれた立派な門が右手の角に現れます。フランスの歴史を変えた公文書の数々が保存されている博物館ですが、元は有力貴族のお屋敷だったとあって、門を抜けて館にたどり着くまでの中庭はパリの中心にあるとは思えないほどの広さ。映画の撮影や（最近では『ミッション：インポッシブル／フォールアウト』に登場。ホワイト・ウィドウのお屋敷の設定）、ファッション・ショーなどのイベントにも使われます。中庭をぐるっと回廊が囲んでいてベンチもあるので、暑い日に日陰を求めて、急な雨宿りに、足を休めることもできます。トイレは、屋敷に入ってすぐ右側の階段横にあります。荷物チェックもなく入れるのでおすすめです。

Musée de la Vie Romantique （ロマン派美術館）

16 rue Chaptal, 75009 Paris

　モンマルトルといっても9区側（南）のサン・ジョルジュ駅（Saint-Georges）周辺は、18区側（北）と隣接しているにもかかわらず、観光地のにぎやかさはなく、落ち着いた高級な雰囲気が漂います。19世紀前半にはのどかな牧草地さえ広がっていたエリアですが、七月王政下に開発が進み、豪華な古典様式（ギリシャ・ローマ神殿のような柱が特徴）の建物が建てられました。このエリアは「ヌーヴェル・アテンヌ（新アテネ）」と呼ばれますが、1821年のギリシャ独立戦争の影響で、当時の知識人たちの間で「ギリシャ趣味」が流行したことによります。ヌーヴェル・アテンヌには、当時芸術界をリードしていたロマン派の画家、作家、音楽家たちが集まりました。リスト、ショパン、ロッシーニ、イギリスの文豪ディケンズ、ジョルジュ・サンド、テオドール・ジェリコー、そしてユジェーヌ・ドラクロワといったそうそうたるメンバーが、現在ロマン派の芸術家に捧げられる美術館となっているオランダ出身の画家アリ・シェフェールの屋敷に集いました。19世紀にタイムスリップしたような本館内部には、男装の女流作家で、元祖かっこいい女代表のジョルジュ・サンドにまつわる品々が豊富で、彼女のファンの聖地となっています。

　さて、美術館内部も素敵ですが、こちらにはパリジャンに大人気の庭カフェがあり、暖かい季節には厳しい席取り合戦を勝ち抜かなければなりませんが、パリの中心にいながら田舎でティータイムをしているような気分を味わえます。気になるトイレですが、外で簡単な荷物検査をすませたらすぐ右側にあるのでアクセスが簡単です。

1章　パリ滞在の基礎知識／トイレ事情

Musée d'Art Moderne de Paris （パリ市立近代美術館）

11 av. du Président Wilson, 75116 Paris

エッフェル塔の記念撮影スポットとして人気のシャイヨー宮殿（Palais de Chaillot）があるトロカデロ広場周辺には、観光地プライスではあるもののカフェが充実しており、16区のマダムたちがティータイムを楽しむサロン・ド・テ、カレット（Carette）もあります。このトロカデロ広場近辺にあるおすすめの無料の美術館が、パリ市立近代美術館です。

パレ・ド・トーキョー（Palais de Tokyo）の名で親しまれる建物の東翼にあります。建物の西翼（トロカデロ広場側）は国の所有で、現在、現代創造サイトとなっており、私には正直チンプンカンプンな現代アートの総合実験施設です。パレ・ド・トーキョーは建物全体と、この西翼の現代アートの総合施設を指しますが、東翼（トロカデロ広場から遠い方）が私のおすすめする無料の美術館です。

ところでなぜ「トーキョー」なのかというと、この建物が1937年のパリ万博の際に建設された当時、建物前のセーヌ河岸の通りの名前がトキオ河岸道り（Quai de Tokio）だったからです（当時は東京はTokyoでなくTokioと書かれていました）。1918年に、第一次世界大戦時の同盟国だった日本の首都の名前がつけられましたが、第二次世界大戦では敵国となってしまったため、1945年にニューヨーク通り（Avenue de New York）と改名されました。こちらの常設展もメジャーな美術館に負けない充実ぶりで、マティス、モディリアーニ、シャガール、そしてラウル・デュフィの壁画も必見ですし、ロベール・ドローネの有名な『エッフェル塔』を実物のエッフェル塔と見比べながら鑑賞できちゃいます。こちらの美術館のテラスには、エッフェル塔を眺めながら食事ができるおしゃれなレストランもあります。

無料トイレのある
美術館・博物館

dans les musées

パリ市立プティ・パレ美術館：地下
（→P94）

カルナヴァレ - パリ市歴史博物館：
入り口近くの看板の回廊奥（→P95）

国立公文書館：入ってすぐの
階段横（→P96）

1章　パリ滞在の基礎知識──トイレ事情

099

必見モニュメントの有料トイレ

　パリの必見モニュメントのそばには必ず有料で利用できるトイレがあります。大きなモニュメントの周辺にはデパートや美術館がないので、「カフェで休憩する時間がない」「カフェに入ったばかり」といった場合に利用してください。

凱旋門・シャンゼリゼ

　ここはまさに「トイレ砂漠」。凱旋門の目の前には地下に有人有料（2ユーロ）のトイレがありますが、衛生的には非常におすすめできません。私が利用しているのは、凱旋門に向かって左側にあるガラス張りの建物、ブティック・ピュブリシス・ドラッグストア（Boutiques Publicis Drugstore）というコンセプトストアのトイレです。パリのお土産、薬、コスメ、ラデュレのマカロン、メゾン・ド・ショコラの高級チョコレート、シャンパンなどの高級嗜好品に加え、日本のコンビニのようなおにぎりや、サンドイッチなどが買える店が入っている他、三つ星シェフのエリック・フレション氏監修のブラッスリー、ル・ピュブリシス（Le Publicis）があり、年中無休で午前2時まで営業しています。お手洗いは深夜0時までで1ユーロ。シャンゼリゼ大通りから入って奥へ進み、2階へ上がったところにあります。ちなみに、シャンゼリゼ大通りを下る途中の40番地のショッピングアーケードに1ユーロで利用できるトイレがありますが、こちらも衛生的にはおすすめしません。

　コンコルド広場へ下りる途中、左側の歩道にギャラリー・ラファイエット・シャンゼリゼがありますが、おそらく過去にあまりにも「トイレ目当ての客」が多かったせいか有料化されました（1.5ユーロ）。お買い物をした場合はレシートを見せれば無料です。

コンコルド広場に向かってさらに下っていくと、メトロ1号線と13号線の駅シャンゼリゼ・クレマンソー駅（Champs-Élysées Clémenceau）の出入り口に着きます。ここまでたどり着いたら、パリ市立プティ・パレ美術館（P94）に立ち寄ってください。

チュイルリー庭園

コンコルド広場側のチュイルリー庭園（Jardin des Tuileries）入り口の右側に無料トイレがあります。もう少し頑張れる方は、コンコルド広場からマドレーヌ寺院まで進みましょう。

マドレーヌ寺院

前述のように寺院の横に歴史的建造物に指定されたパリの男女兼用個室付き英国式公衆トイレ第1号があります（Lavatory de la Madeleine）（P82・103）。こちらはぜひ利用してほしい華麗なるトイレ。マドレーヌ寺院の正面右側から階段で地下に降ります。2023年にリニューアル・オープンしたばかりで、常に清掃係の方がいるので清潔で安心。2ユーロを払う価値ありです。

ノートル・ダム大聖堂

西門の右側、シャルルマーニュの騎馬像（Statue de Charlemagne et ses Leudes）の後ろに有料のトイレがあります。ただしオープン時間が限られ、不衛生で2ユーロ。近くのカフェでコーヒーを飲んだ方がお得です。シテ島にあるレ・ドゥー・パレ（Les Deux Palais）はお気に入りの老舗カフェです（P13・156）。

エッフェル塔

セキュリティチェックを終えてエッフェル塔の囲いの中に入ると無料のトイレがありますが、いつも大行列です。

サクレ・クール寺院

寺院左下に有料のトイレ（P56）がありますが、ケーブルカーの上の駅横のカフェにも2ユーロで利用できるトイレがあります。

必見モニュメントの有料トイレ

dans les monuments incontournables

凱旋門前のトイレ：2ユーロ（→P100）

歴史的建造物に指定されたマドレーヌ寺院のトイレ：2ユーロ（→P82・101）

凱旋門前のピュブリシス・ドラッグストアのトイレ：1ユーロ（→P100）

サクレ・クール寺院ケーブルカー横のカフェのトイレ：2ユーロ（→P102）

ノートル・ダム大聖堂前のトイレ：2ユーロ（→P101）

1章 パリ滞在の基礎知識｜トイレ事情

宿泊エリア選び

Choix du quartier de séjour

ツーリストに理想的なエリア

さて、極力歩いて主要観光スポットを回れて、治安も比較的良く、夢のようなパリ滞在を実現するために「自分がツーリストならどこに泊まるか？」と頭をひねり「ホテル探しの理想的なエリア」を考えてみました。私のおすすめはズバリ、1〜6区の1号線に徒歩10分以内でアクセスできるエリアです。地図で見ると、**ルーヴルとシテ島を中心にした楕円形のエリア**になります（P273）。

この円内に宿があれば、主要観光スポットも徒歩で回りやすいですし、パリの東西を横断する1号線の駅にアクセスしやすい場所なら、メトロの利用を最小限に抑えつつ、乗り換えなしで移動できます。何より1号線は無人運転のメトロの一つなので、ストも怖くない！というわけです。そして個人的にこのエリアに宿泊してみたいもう一つの理由が、「毎朝セーヌ川沿いをお散歩」というこの上ない贅沢ができるから。

狙い目の穴場エリア

ただパリの心臓部となるこのエリアは、もちろん宿泊料金も高めになります。少し離れるのであれば、ストライキ・フリーの1号線の駅にアクセスしやすい場所も良いかもしれません。1号線の駅周辺には西から東まで危険ゾーンがないので、心臓部から離れても比較的安心です。特に**11区のバスティーユ（Bastille）周**

辺は、マレにもアクセスしやすく、若者に人気の10区にも隣接していて美味しいお店も多いのでおすすめです。

　美味しいお店が多いエリアといえば9区も1号線からは離れますが、オペラ座にも近く、コスパの良い飲食店も多く賑やかなので個人的によく徘徊するエリアです。特に9号線、8号線が通る2区との境目になる**グラン・ブールヴァール（Grands Boulevards）周辺**は移動にも便利（エッフェル塔、コンコルド広場まで直通）。ギャラリー（19世紀のアーケード）も集中しています。

　もう一つのストライキ・フリーの無人運転メトロには14号線があります。一番新しい線なので、ホームや通路もきれいですし、駅によってはトイレも設置されています。必ずエレベーターがあるのでバリアフリーな唯一の線です。

　14号線沿いでおすすめのエリアは、動画でも特集したBOBOの居住区としてここ10年ほど人気急上昇中の西の**バティニョール（Batignolles）地区**。ポン・カルディネ駅（Pont Cardinet）という、サン・ラザール駅の隣の駅周辺です。パリ最古の駅サン・ラザール駅（デパート街やオペラ座）や、マドレーヌ寺院（コンコルド広場まで徒歩）、ピラミッド駅（ルーヴル美術館まで徒歩圏）、シャトレ駅（出口は面倒ですがマレにも歩いて行けます）、リヨン駅（パリから南仏へ向かう駅）と、観光に便利な駅を通っていますし、BOBOに人気の界隈なので素敵なお店も多く、マレと違って観光地化していないので穴場です。サン・ラザール駅、ポン・カルディネ駅からはヴェルサイユ行きの国鉄のL線に乗ることができるので、ヴェルサイユ観光にも便利です。

リーズナブルなパリ近郊エリア

　　最近は貧乏卒業旅行でヨーロッパを選ぶ若者も残念ながら減少傾向にあるようですが、前述のように環状線の内側にある「パリの塀の中」は地価も高ければホテルも高めで、ましてや私がおすすめする、中心部の主要観光地へのアクセスが良くお買い物にも便利なエリアは、学生の卒業旅行にはハードルが高いお宿が多くなってしまいます。アパホテル形式のリーズナブルなホテルもありますが、予約が難しいことが多いようです。よりリーズナブルで安心なパリ滞在を希望する方には、パリ近郊のリーズナブルなホテルチェーンやアパート形式のホテルをおすすめします。

　　パリの中心部から離れれば離れるほど安くなりますが、注意したいのは**パリのメトロのゾーン1・2から出ない**こと。「郊外」といっても「メトロでアクセスできる郊外」と「高速地下鉄RER」もしくは「フランス国鉄SNCF」でないとアクセスできない郊外があります。不動産の物件を探す場合も、メトロの駅に近いエリアと、RERの駅が最寄りのエリアでは前者の方が人気で高値です。

　　なぜ高速地下鉄をおすすめしないかというと、まず第一に治安です。パリ郊外は、ゾーンが3、4、5と離れれば離れるほど治安も悪くなっていきます（城下町のサンジェルマン・アン・レイ、ヴェルサイユ、フォンテーヌブローはセレブな郊外なので例外）。パリ郊外で警官によって若者が射殺されたことをきっかけに起きた2023年の暴動は記憶に新しいところですが、その際にパリ市内で荒れた場所はRERの駅に近いシャンゼリゼやレ・アール界隈でした。郊外に住む低所得層の若者たちは、RERに乗ってパリに繰り出してきます。黒いフードで顔を隠して暴行や窃盗を働く暴れん坊が出現しやすいRERの駅には、私は娘が一人で町に遊びに行く年齢になっても避けてほしいと思っていますので、旅行者の方々にもおすすめしません。またラッシュ時以外の混んでいない

時間帯は駅と駅の間隔がメトロよりも長いので、犯罪が発生しやすいようで、恐ろしい証言をいくつも聞いています。そしてストの影響も受けやすくダイヤの乱れも多く、駅構内は不衛生で悪臭が漂います（これはメトロも同じですが、より一層）。

　パリの中心部から帰宅ラッシュが過ぎた時間にRERに乗るということは、かなり土地勘があり、危険な状況にも慣れている地元民がなせる業です。個人的に私はRERが大嫌いなので、必要に迫られた時以外は利用しません。もちろん郊外に住み、毎日RERに乗ってパリ市内に通勤する在仏日本人の友人もたくさんいますが、彼らはありとあらゆるトラブルを経験済みで、フランス語も話せ、危険を察知したり、対処することができる人たちです。電車の本数もラッシュの時間を過ぎると減りますので、距離的にはパリ中心地からたかが10kmほどの郊外でも、郊外の安いホテルに泊まってしまったがために夜になって帰れなくなったり、タクシーに乗らざるを得ず高くついた、ぼったくられたという話も聞きます。
　パリは「塀の外」に出ると、想像以上に利便性が悪くなります。東京の都心部と同じ感覚でいると非常に痛い目に遭います。

　郊外でも安全で利便性が良い場所は？となると、やはり前述のようにパリの南から北西部、つまり地図の左半分の郊外、メトロの駅周辺（徒歩5〜10分）をおすすめします。厳密に言うと、**クリシー市、特にルヴァロワ・ペレ市、ヌイイー・シュール・セーヌ市、ブローニュ・ビヤンクール市**は、パリの雑踏を離れたい富裕層も多く住み治安も良い郊外です。ただ前述のようにメトロから近いホテルを選びましょう。**南部のイッシー・レ・ムリノー市**も第1子出産とともにパリを脱出する若い家族に人気の穏やかな郊外です。

メトロでいうと1・3・9・10・12・13・14号線の西側と南側の終点ということになります。同じ線の東、北側の終点駅はアウトということになります（例外的にオールマイティなスーパー・メトロ、1号線の終点ポルト・ド・ヴァンセンヌ駅周辺はまだセーフ）。

　例えば13号線は、パリ市内の北西部で西と北に分岐する唯一の線ですが、北のサン・ドニ（Saint-Denis）行きは危険です。国立競技場（Stade de France）の最寄駅を通り、終点には大学やフランス王国代々の国王が埋葬され、フランスの建築史を語る上で絶対に外せない初期ゴシック建築のサン・ドニ大聖堂がありますが、現在は私も足を踏み入れたくない治安レッドゾーンです。反対の南側の終点駅の町シャティヨン（Chatillon）は閑静な住宅街です。3号線の西の終点駅の町ルヴァロワ（Levallois）は、フランスでも有数の富裕層が住み、治安がたいへん良いことで有名ですが（なんと自転車に鍵をかけ忘れたのに盗まれませんでした）、同じ線の反対側の終点ガリエニ駅（Gallieni）では麻薬の売人とすれ違い、何度か命の危険さえ感じました。

民泊するなら、商店街エリア

　最近はホテルではなく、民泊で暮らすような滞在を楽しむ方も増えているようです。民泊やキッチン付きのアパートホテルの良いところは、やはり簡単な自炊ができるという点です。確かにパリは日本に比べると外食費がかなり高い上に、「毎日レストランだと胃がもたれる」「時差ボケと観光で歩き疲れて、料理が出てくるのを待っている間に眠くなる」という声もよく聞きます。

　民泊で暮らすように滞在される方におすすめのエリアは、**観光地にもアクセスしやすく、商店街があるエリア**です。商店街には、パン屋さん、肉屋さん、八百屋さん以外にも、Traiteur（トレトゥー）という惣菜屋さんはもちろん、以下に紹介するおしゃれな商店街には話題のパティシエの店やチョコレート店、紅茶専門店、私もこよなく愛するスーパー、モノプリ（Monoprix）や、日本にも出店している冷凍食品チェーンのピカール（Picard）もあります。

　賑やかな商店街ということは、そこに暮らすパリジャンたちが買い物に来るということですから、朝から夜まで営業しているカフェもあるので、常に人通りがあって安心です。商店街にある惣菜屋さんでは量り売りのサラダや本格的なフレンチの煮込み料理、デザートまで全て揃う店もあり、レストラン並みの豪勢なフレンチをテイクアウトして宿でくつろぎながらディナーを楽しめます。

　肉屋さんでもローストチキンがもも肉1本から買えて、ポテトやほうれん草のクリーム煮などの付け合わせも量り売りで買うことができます。肉屋さんで必ず売っている七面鳥、ハム、もしくは鶏肉にチーズを挟んで揚げたカツレツ、コルドン・ブルーは子どもが大好きな定番のおかずで、私のイチオシです。そこに八百屋さんで買った野菜、スーパーで買ったドレッシング（私のイチオシはMaille）、チーズ屋さんで買ったチーズとパン屋さんの焼きたてのバゲットを足せば、完璧なおフランスの晩ごはんの出来上がりです。

バティニョール界隈のこだわりエピスリー、ベリー（Berrie）

商店街でパンとチーズやパテなどの惣菜を購入すれば、民泊ごはんが完成

おすすめの商店街

　以下はパリ市内でも観光地にもアクセスしやすい商店街です。フランスでは日曜日がお休みの商店が多いのですが、パリの観光地や商店街では月曜が休業の店が多いのでご注意を。

モンマルトル

Rue des Abbesses（アベス通り）
Rue des Martyrs（マルティール通り）
Rue Lepic（ルピック通り）

　アベス通りは、私がパリに住み始めて最初に小さなステュディオ（ワンルーム）を借りた通りなので、個人的にとても思い入れがあります。庶民的な肉屋さん、八百屋さんなど様々な食料品店が立ち並ぶ商店街です。

　9区と18区にまたがる**マルティール通り**は、私の動画に何度も登場していますが、9区側はカフェや食料品店が充実、18区側には大好きな骨董品屋さんやヴィンテージのお店があり、3つの商店街の中で最もBOBO的で、シックな雰囲気です。

　ルピック通りはアベス通りと交差する商店街で、こちらもたくさんの商店が並んでいますが、なんといっても映画『アメリ』に登場したカフェ・デ・ドゥ・ムーラン（Café des Deux Moulins）がある通りとして知られ、今も地元民と観光客がまじり合う人気店です。この商店街を下るとムーラン・ルージュ（Moulin Rouge）と、大きなモノプリもあるクリシー大通り（Bd de Clichy）に着きます。このクリシー大通りはストリップ劇場や大人のオモチャ、セクシーな下着・コスプレなどを売るお店が並ぶことで有名なので、「ママこれなーに？」という質問攻めに遭わないためにもお子様連れ

の散策はおすすめしません。

　私はこの通りでも怖いとは感じませんが、慣れていない方はクリシー大通りからロシュシュアール大通りの中央の歩道は避けることをおすすめします。パリの他のエリアでも見かけますが、公衆トイレやベンチなどがある広々とした遊歩道には酔っ払いのおじさんやおばさんがたむろしていることがあるので、機嫌が悪いと絡まれます。路面店がある歩道を歩くか、大通りに並行した道を歩きます。

　この通りをまっすぐ東に向かうと、「パリで最も危険なエリア」バルベス＝ロシュシュアール駅（Barbès - Rochechouart）や北駅にたどり着くので、前述のように2号線のアンヴェール駅（Anvers）より東には行かないようにしましょう（P71）。

　日本の皆様には危険なイメージがこびりついて離れないモンマルトルですが、サクレ・クール寺院周辺では注意が必要なものの、上記の3つの商店街の周辺は「BOBO化」が進み、20年前には想像できなかった高級店、アラン・デュカス（Alain Ducasse）、ピエール・エルメ（Pierre Hermé）なども出店するほど若い富裕層に人気のエリアです。

　観光客と地元民が入りまじって活気に溢れていますし、なんといっても美味しいパン屋さん激戦区。パン・パン（Pain pain）、シンヤ・パン・モンマルトル（Shinya pain Montmartre）、ル・グルニエ・ア・パン（Le Grenier à Pain）、マミッシュ（Mamiche）、バブカ・ザナ（Babka Zana）、レオニー（Léonie）などなど。そして夜遅くまで営業しているカフェやスーパー（モノプリやカルフールなど）も多く、「モンマルトルは危険」という悪評とは裏腹に、パリジャン気分を楽しむにはピッタリの推しエリアです。

Rue des Abbesses
Rue des Martyrs
Rue Lepic

1. アベス通りの八百屋さんとセレブも集うブラッスリー 2. 9区側のマルティール通りは食料品店が多い 3. マルティール通りのBOBO愛用食料品店

アベス通りの看板肉屋さん

1

2

3

商店街のルピック通りにはムーラン・ルージュのショップも

4. マルティール通り18区側の骨董品屋さん、ロブジェ・キ・パルル (L'objet qui parle) 5. ルピック通りの魚屋さん

1章 パリ滞在の基礎知識 宿泊エリア選び

113

17区のブルジョワな商店街

Rue Poncelet（ポンスレ通り）
Rue de Lévis（レヴィ通り）

　賑やかさではモンマルトルに負けますし、コスパの良いレストランなどには欠けますが、ブルジョワなパリジャンが住むことで知られ、凱旋門やモンソー公園に近い17区にもおすすめの商店街があります。

　ポンスレ通りは、凱旋門から延びる12本の並木の道の一つ、マクマオン通り（Avenue Mac-Mahon）を下ったところにある商店街で、テルヌ（Ternes）と呼ばれるエリアにあります。パリに最初に住んだアパルトマンが凱旋門の目の前だったので、このテルヌ大通りのモノプリに足繁く通っていました。

　そしてこのモノプリの目の前にあるメゾン・プー（Maison Pou）は、おとぎ話の挿絵のような、ヴェルサイユ宮殿の晩餐会に出てきそうな美しく豪勢な料理が並ぶ惣菜屋さん。前を通ると見惚れながら吸い込まれるように店の中に入ってしまいます。この惣菜屋さんで必ず買って帰るのがグジェール（Gougère）というチーズ入りのシュー。おやつやアペリティフにおすすめです。

　このテルヌ大通りから一本裏に入った、バイヤン通り（Rue Bayen）とポンスレ通りには八百屋さん、肉屋さん、チーズ屋さん、高級チョコレート店、紅茶・コーヒー専門店はもちろん、フランスで大人気のスター・シェフ、シリル・リニャックさんのパン・パティスリー（La Pâtisserie Cyril Lignac）や、冷凍食品チェーンのピカールももちろんあります。

　このテルヌ界隈からパリ屈指のセレブな公園、モンソー公園の前を通り、モンマルトル方面に向かう途中に**レヴィ通り**がありま

高級惣菜屋さんメゾン・ブー
（テルヌ大通り・ポンスレ通り）

メゾン・ブーのグジェール

レヴィ通り。アミコお母ちゃんと

1章 パリ滞在の基礎知識｜宿泊エリア選び

す。サン・ラザール駅からも近く、私が最近推しているバティニョール界隈の入り口となる商店街なのですが、食料品は何でも揃い、地元民で賑わうカフェも多く、モノプリもピカールもあります。こちらの方がテルヌ周辺よりも活気があり、コスパの良いレストランの密集率も高くなります。パリジェンヌに大人気のブランド、セザンヌ（Sézane）のブティックも大通り沿いにあるので私も足繁く通うエリアです。

パリの胃袋に隣接する商店街

Rue Montorgueil（モントルグイユ通り）

『パリジェンヌになる午後』という私の散歩動画でも紹介しましたが、**モントルグイユ通り**は、ルーヴルからも徒歩でアクセスでき、パリの心臓部にある活気溢れる商店街です。パリ最古の18世紀創業のパティスリー、ストレー（Stohrer）がある通りですが、こちらもグルメなお店がズラッと並ぶ歴史ある商店街。それもそのはず、このモントルグイユ通りは、今はなき「パリの胃袋」中央市場があったレアールから延びる通りなのです。起源は12世紀に遡り、1969年にパリ郊外に移転するまでパリジャンたちのお腹を満たしてきた中央市場は、フランスのグルメ史を語る上でなくてはならない存在。市場がなくなった今もグルメなお店が密集するエリアです。

　フランス料理を代表する定番のオニオン・グラタン・スープは、この中央市場が生み出した料理の代表格ですが、そのスープを深夜でも味わうことができるブラッスリー、オ・ピエ・ド・コション（Au Pied de Cochon）や、シェ・デニース（Chez Denise）、ラ・プール・オ・ポ（La Poule au Pot）、ル・プティ・ブイヨン・ファラモン（Le Petit Bouillon Pharamond）などなど、古き良き食いし

Rue Montorgueil

モントルグイユに近い
フォワグラ専門店

モントルグイユ通り

グルテンフリーのパン＆
ケーキ屋さんCopains

1章 パリ滞在の基礎知識 宿泊エリア選び

ん坊なパリの伝統を守り続ける店や、エスカルゴ、フォワグラの専門店、料理器具専門店、そして新世代のレストランや、エスニックなレストランまで、モントルグイユ通りや並行するサン・ドニ通り（Rue Saint-Denis）近辺に集まっていますので、食いしん坊さんにはたまらないエリアです。

左岸派におすすめの商店街

Rue de Buci （ビュッシ通り）
Rue Mouffetard （ムフタール通り）

　パリはセーヌ川を挟んで地図の上（北）を右岸と呼び、下（南）を左岸と呼びます。そしてパリジャンは「右岸派」と「左岸派」にスパッと分かれます。例えば私の動画でおなじみの我が「仏文科パリ支部」も、シックな左岸が似合うアヤを除いた3人は断然右岸派で、セーヌ川を左岸へ渡っただけでソワソワして落ち着きません。それくらい右岸と左岸では空気が違います。

　パリは中世から「左岸で頭を使い、右岸でお金を使う」などと言われていたそうなのですが、確かに13世紀にソルボンヌ大学が創立されて以来、ヨーロッパ中からやってきた学生たちで賑わったカルティエ・ラタンやサン・ジェルマン・デ・プレ修道院の牧草地が広がっていた左岸には、どこか知的で落ち着いた空気が漂います。

　さて、観光にも便利な左岸の商店街というと、断然**ビュッシ通り**がおすすめ！　サン・ジェルマン大通りとセーヌ川の間に位置する商店街なので、セーヌを渡ればルーヴルも徒歩10分という理想的エリアにあります。サン・ジェルマン・デ・プレ教会（フランス革命以前は修道院）に続くこの通りは中世に歴史を遡る商店街。主な食料品店はもちろん、遅くまで営業しているスーパー

ビュッシ通り商店街

ビュッシ通りに来たら
フリュステンベルグ広
場は必ずお立ち寄りを

ムフタール商店街

Rue de Buci
Rue Mouffetard

1章 パリ滞在の基礎知識｜宿泊エリア選び

やカフェ、レストランも多く、治安も比較的右岸より良い左岸に泊まるには、このビュッシ通り近辺が便利でおすすめです。

　ちなみにお隣のSaint-Michel（サン・ミッシェル）界隈には観光客向けの激安レストランが密集しますが、胃腸に自信のない方は避けることをおすすめします。

　もう少しディープな左岸ステイをお望みならば**ムフタール通り**もおすすめです。こちらはパンテオンがそびえ立つサント・ジュヌヴィエーヴ（Sainte-Geneviève）の丘からゆっくり下り坂になった商店街で、20世紀後半までは庶民的なエリアでした。アメリカの文豪ヘミングウェイが住んだ界隈としても知られ、『移動祝祭日』という彼のパリ愛に溢れた著作にも描かれている道です。このエリアは近年パリで最もセレブな住宅街の一つとなりましたが、その人気に拍車をかけるように、Netflixの人気ドラマ『エミリー、パリへ行く』の撮影に使われたパンテオンの横にあるエストラパード広場（Place de l'Estrapade）はすっかり観光名所となっています。絵葉書のような「パリらしいパリ」の魅力に溢れた落ち着いた雰囲気のパンテオン近辺は、ウディ・アレンの『ミッドナイト・イン・パリ』のロケ地でもあります。右岸の喧騒から離れるなら、左岸のカルティエ・ラタン（Quartier Latin）の屋根裏部屋に宿を取り、リュクサンブール庭園（Jardin du Luxembourg）でジョギング、とエミリーになりきってみるのも良いかもしれません。

2章

パリで食べる・飲む

Manger et boire
à Paris

星付きなど最も高級な飲食店
レストラン
Restaurant

パレ・ロワイヤル広場の老舗ル・グラン・ヴェフール

パラスホテルのレストランはおめかしを

歴史的建造物に指定されたパリ最古のレストランのひとつ

量が多くて値段も高めな飲食店
ブラッスリー
Brasserie

生牡蠣は9〜12月。パンと一緒に食す

ブラッスリーといえば海の幸プレート

エスカルゴは必食

老舗ブラッスリー、グラン・コルベール

2章 パリで食べる・飲む

庶民的な飲食店

ビストロ
Bistro

世界大会も開催される
ゆで卵マヨネーズ

ビストロといえば、
タルタル・ステーキ

新しい大衆食堂

ブイヨン
Bouillon

老舗ブイヨンの代名詞、シャルティエ

ブイヨン・ピガールの鴨のコンフィ

歴史的建造物に指定されたル・プティ・ブイヨン・ファラモン

2章 パリで食べる・飲む

125

パリジャンの憩いの場
カフェ
Café

大好きなル・ブーガンヴィル。内装も昔から変わらず、ランチにおやつにアペロに、一日中使える

パリ流カフェには、カウンターがある

タルト・タタンもカフェスイーツの定番。ル・カフェ・ドゥ・レポック (Le Café de l'Époque) にて

クレープといえば、カフェおやつの定番。ル・ヌムール (Le Nemours) で

常連さんが多く集まる、昔ながらの
カフェの店主

レジェンドカフェ、フーケッツ様
のテラスは係員を待つ

普通のカフェのテラスはそのまま
座ってオッケー

歴史的建造物のカフェ、
ル・トラン・ブルーで
優雅にコーヒーを

2章 パリで食べる・飲む

127

クロワッサンをカフェに
持ち込めることも

パティスリーでもイートインできる店
が増えている。ラ・パティスリー・シ
リル・リニャック テルヌ店にて

カフェの朝ごはん①
タルティーヌとコーヒー。

カフェの朝ごはん②
オテル・アムールのカフェで

パリの軽食、パリジャン・
サンドはカウンターで

ケーキを食べられるのは
サロン・ド・テ
Salon de thé

凝ったスイーツは老舗のサロン・ド・テで

アンジェリーナ本店。モンブランが有名

ボントン・ラ・パティスリー（Bontemps La Pâtisserie）

ラ・ボシュ（La Bossue）。英国風のケーキやスコーンも人気

左と同じサロン・ド・テ

2章 パリで食べる・飲む

大人のバーの愉しみ。
手の届くリュクス *Bars chics*

伝説的なハリーズ・ニューヨーク・バー

ヘミングウェイも通った老舗バー

ちょっとおしゃれして夜のお出かけを楽しむ。オテル・マダム・レーブ（Hôtel Madame Rêve）

女性の
おひとり様ごはんに

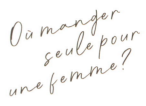

キッシュが定番のサロン・ド・テのランチはボッチ飯におすすめ

ローズ・ベーカリーは、パリジェンヌのおひとりランチの名所

ル・フュモワール (Le Fumoir) のランチもボッチ飯に使っています

2章 パリで食べる・飲む

食を愛することは、人生を愛すること

　大陸の交差点にある多民族・多文化の、自己主張をしないと踏みつぶされるカオスの国と、極東の島国で独自の暗黙のルールを持ち、1億人があうんの呼吸で機能する国…。おフランスと日本の国民性は一見正反対のように感じられますが、一つ大きな共通点があります。それは「食道楽、食いしん坊な国」ということ！

　日本、特に東京のような大都市では早朝から深夜まで「外食難民」になることは考えられませんし、丸ごと飲食店のビルも見かけます。高級割烹からファミレスまで、奥深くバリエーションに富んだ伝統料理はもちろん、世界中からインスピレーションを得たあらゆるジャンルのレストランがあり、しかもどんなカテゴリーやランクのお店でも「まずいということは滅多にない」という奇跡のような国。そして、テレビをつければ朝から晩までグルメ番組が（笑）。そんな食べ物で溢れかえる国で生まれた胃袋でものを考える筋金入りの食いしん坊の私が、漂流の果てにたどり着いたこのパリで生きていけるのは、常に心をときめかせてくれる美味しいものに出会えるからです。

「働くために生きるのではなく、生きるために働く」フランス人。生きる喜びを与えてくれるものを追求すること、極めることには大まじめです。フランス語で**Bon vivant（ボン・ヴィヴァン）**という褒め言葉があります。直訳すると「良く生きる人」ですが、辞書には「人生を楽しむ陽気な人。開放的で快活で、美食を好む人が多い」と定義があります。つまりフランスでは「食を愛することは人生を愛すること」と公認されているのです。

　語学留学していた時代、私はフランス人学生や外国からの留学生たちと寮でキッチンをシェアしていましたが、食事に時間をかけいつまでたってもキッチンに残っていたのはフランス人と日本人でした（笑）。ある日、フランス人学生と食べ物の話をして盛

り上がっていると、「アンタたち、もっとインタレスティングな話題はないの？　食べ物の話題ばっかり！」とドイツ人の女子にため息をつきながら嫌味を言われたことは忘れ難い思い出です。フランス人の学生は「ドイツにはソーセージしかないから話のネタがないのね」なんて陰口を叩いていました。

　私が学生時代のお話なので、当時「食事がまずい」と評判だったイギリスやドイツの状況も変わっているかもしれませんが、おフランスでは食事をしながら食べ物の話をしていても、白い目で見られることはありません。「食の話」は「絵画の話」と同じくらい立派な、文化的な話題です。

「美食大国」の歴史は浅い

　そんな「美食大国」として知られるおフランス。首都のパリは「グルメの町」というイメージが世界中に広まっていますが、歴史的に見るとフランスは長い間「洗練からは程遠い野蛮な国」でした。その食の歴史をたどると、イタリアやスペインから嫁いできた王妃様が野蛮なフランスで生き延びていくために持ち込んだ料理や食材のおかげで、少しずつ文明化していったということがわかります。

　そしてなんと18世紀のパリはグルメな町どころか、まともな食べ物にありつくことさえ難しいと評判でした。あるロンドンからの旅行者の書簡に「パリには街灯と美味しい食事処がない」と書かれていたように、街中には**タヴェルヌ（Taverne）**と呼ばれる馬の休憩をさせるついでにお腹を満たす旅籠屋しかありませんでした。

　粗末な木のテーブルに大人数でギュウギュウに腰かけ、汚物が流されるセーヌ川の水で割ったワインを飲まされ、粗末な料理が日替わりで出されていました。もちろん料理は一品だけでチョイスはなく値段も一律。隣の人にパンを盗まれないように気をつけ

ながら食べていたのです。フランス革命以前のおフランスで「美味しいもの」を食べることができたのは国民の2%足らずの貴族と聖職者、そしてほんの一握りのブルジョワ商人でした。それ以外の国民は「食べても死なないものを食べる」以外の選択肢はありませんでした。パリの一般庶民にとって、食べるという行為は生き延びるための営みにすぎなかったのです。

レストランは「胃を修復してくれる店」

そんな不平等な世の中に、うっすらと希望の光が見えてきた18世紀後半のおフランス。理想主義者で経済学者の**シャントワゾー**という人物が、「健康に良い、栄養価の高い食事を人々に提供しよう」と、1765年にパレ・ロワイヤル近辺に革新的なお店をオープンします。シャントワゾーさんのお店では、「客一組ずつにテーブルが分けられ、料理も複数の品から選ぶことができ（主にお肉や野菜を煮込んだブイヨン）、値段があらかじめ表示され、テーブルに自分だけのお皿を運んでくれ、食べた分だけお会計をする」という今では当たり前のサービスが提供されました。**Maison de santé（健康の家）**と名づけられたシャントワゾーさんのお店の入り口には、「胃が弱っている人は私のところへいらっしゃい。私が治してあげましょう」というラテン語の座右の銘があったそうです。この「治す、修復する」はフランス語でレストレ（Restaurer）。これが形容詞になるとレストラン（Restaurant）となるのです。「胃を修復してくれる店」それがレストランでした。

理想主義者のシャントワゾーさんが考案したこの新しいスタイルの食事処はセンセーションを巻き起こし、次第に同じようなサービスを提供する店の総称として定着しました。現在世界で最も使われているフランス語のひとつ、「レストラン」はパリで生まれたのです。

グルメ旋風を巻き起こしたテレビ番組

　近年のおフランスの高級フレンチは、ここ20年来テレビのリアリティ・ショーやSNSの影響でかなり民主化・大衆化されました。従来の「高級素材だけを贅沢に使った料理が供され、着飾ったお金持ちしかいない」「堅苦しい雰囲気」という近寄りがたいイメージが一新された背景には、テレビのリアリティ・ショーで「おフランスが誇る世界最高峰の職人・芸術家」である一流シェフたちの作り出す料理が、バーチャルで一般市民のお茶の間に届けられるようになり、ガストロノミー（高級フレンチ）がより身近に感じられるようになったことがあります。

　特に15年前から大人気の長寿番組『**トップ・シェフ**』は世界中で同じコンセプトの番組が作られていますが、なんといってもおフランスバージョンにはミシュランでいくつも星を獲得しているシェフやMOF（Meilleur Ouvrier de France／フランス国家最優秀職人章）のシェフ・パティシエたちが若手料理人たちを指導・審査します。この番組に出演した若い料理人たちは、番組終了後に次々と店をオープンし、未来のフランス料理界を担う希望の星となっています。そして文字通り多くの若手シェフたちが星を獲得してきました。「この番組がフランスに6000万人の料理批評家を生んだ」とまで言われるほど、おフランスのグルメブームに火をつけた、単なる娯楽番組を超越した「年に1度の料理界の大イベント」なのです。この番組をはじめとする料理番組の中で耳にするgourmand（グルマン／私流に訳すと「かぶりつきたくなるような」「見るからに美味しそうな」）、croquant（クロッカン／カリッと歯応えがある）といった料理やお菓子を評価する表現は流行語にもなり、すっかり庶民にもお馴染みのボキャブラリーとなりました。

　そして、この番組はお皿にのった高級料理を見せるだけのエンターテインメントではなく、普段スーパーで見ることのできない食材、それを作る農家、生産者、失われつつあるフランス各地の

伝統料理、そして日本をはじめとする異国の食材など、「食」に関する知識を幅広い層の視聴者に発見する機会を与え、和食といえばSushi、Yakitoriしか知らなかったフランス人が、神戸牛（Bœuf de Kobé）に憧れるようになり、柚子（Yuzu）がビストロや町のパン屋さんのケーキにも使われるようになるほど大流行しました。「テレビで見たあのシェフの料理を食べてみたい」と一般のフランス人の美食への好奇心が駆り立てられ、一流レストランの厚い壁を破って一般家庭にも美食術を楽しむという娯楽・趣味（Loisir／ロワジール）が広まっていきました。

　もう一つ、この番組による功績は、料理という世界に対する若者の視線を変えたということです。貧しい家庭の出身であっても努力と情熱で立身出世し、映画スター並みの人気者となって世界中を行脚するシェフたちにスポットライトを当てたことによって、下剋上が難しいおフランスでも、努力をすれば大成できる職業として、料理人のイメージが刷新されました。テレビやSNSの影響でおフランスに空前の美食ブームが広まり、若手有能シェフが続々とお店をオープンしていったことで、パリの飲食業界は今までにないバラエティの豊かさ、質の高さに達しているのではないかと思います。

　フランスにはレストランの他にも様々なジャンルの飲食店があります。ブラッスリー、ビストロ、ブイヨン、カフェ…。それぞれ、誕生の歴史、内装、値段、営業時間、料理が異なる別ジャンルの店なのですが、どの名称を名乗るべきかという法的な規制はなく、「なんとなくイメージで」店名のように好きな名称を選ぶことができます。そして欲張りな店は「レストラン・ビストロ・ブラッスリー・カフェ」と4つ全部並べていたりします（こういう店は朝から夜まで冷凍食品を温めて出すだけのところも多いので避けた方が無難かもしれません）。

それぞれの名称の違いは、フランス人でもわからないくらいあやふやになりつつありますが、歴史とそれぞれの特徴を解説しつつ、フランス人がどのように使い分けているかなどを紹介します。

飲食店で最も高級なのは「レストラン」

　先述のように、きちんと料理された美味しいものが食べられるお店の原型がレストランなので、幅広い意味で「食事処」を意味する場合があります。例えばaller au restaurant（レストランに行く）と言えば、外食をするという意味にもなります。特にフランス料理以外の飲食店は、大衆的なお店から高級店までザックリ「レストラン」と言います。フランス人の会話の中で「中華を食べに行く」は、aller au restaurant chinois（中華レストランに行く）となり、そのお店が北京ダックを出そうが、ラーメンを出そうが中華レストランとなるわけです。それは自国のフランス料理店に比べて、料理のレパートリーを把握していないから、ざっくりと「中国の料理を出すお店は全て中華レストラン」なのです。これが自国のフランス料理になると、レストラン、ブラッスリー、ビストロと聞けば「どういう料理を食べる店か」、瞬時にイメージされます。

　「レストラン」は飲食店の中で最も高級なカテゴリー。ミシュランの星付きのお店はほぼ全てレストランです。高級フレンチのお店はレストラン・ガストロノミック（Restaurant gastronomique）、レストラン・エトワレ（Restaurant étoilé）と呼ばれます。その中には、ル・ブリストル・パリといった格式高い超高級パラスホテルのレストランや、地方の宿付き高級レストラン、オーベルジュ（Auberge）も含まれます。

　おフランス美食術の頂点にそびえる星付きのお店から、田舎町の小さなお店までを含めた「レストラン」の特徴は、

●昼と夜のみ営業
●シェフの洗練された創作料理が出される
●席数が少なめ
●テーブルとテーブルの間隔が広め
●テーブルクロスが敷かれシックな内装
●ワインのセレクションが豊富
が挙げられます。

特にフランスが世界に誇る一流シェフたちの高級レストランは、おフランスのショーウィンドーです。料理にも内装にもサービスにも、フランスの伝統、格式、エレガンスが感じられなければいけません。レストラン発祥の国として、世界の頂点をキープせねばならないという、誇りと緊張感を感じる空間の一つです。今はフランス国民のグルメブームによって、レストランもだいぶ身近になり、昔なら結婚30周年の記念に行くところだったのが、バレンタインデーでも利用する時代になりました。

高級レストラン誕生の歴史

先述のシャントワゾーさんによって、1765年以降、パリに「レストラン」が次々とオープンしましたが、出される料理は「胃を修復する」ような質素でも栄養価の高いブイヨンがメインでした。
美食が振る舞われるような高級レストランが誕生するのは、1789年のフランス革命以降。宮殿や貴族の館のお抱え料理人たちが職を失い、次々と自分の店をパリ市内（特にパレ・ロワイヤル周辺）にオープンしていったことでパリの町にもガストロノミー（美食）が広まっていきます。
そして革命の混乱がまだまだ続くパリに、一人の天才料理人が現れます。シェフの帝王、帝王たちのシェフと呼ばれた**アントナン・カレーム**（1784〜1833年）という人物。彼は貧しい大家族に

生まれ、8歳の時に14人兄弟の中で一番賢いお前ならきっと出世できると父親に捨てられてしまいます。

　幼い孤児はとある大衆食堂の住み込みの見習いとなり、みるみるうちに料理人としての頭角を現します。そしてパレ・ロワイヤル周辺にあった高級サロン・ド・テに弟子入りし、パティスリーの基礎を学んでいきます。この時、たまの休憩時間を利用してすぐ近所の国立図書館に通い詰めるのですが、読書が苦手だった彼は建築の図面の研究に没頭します。世界中の建築物からヒントを得たカレームの**ピエス・モンテ（pièce montée／工芸菓子・ウエディングケーキのような高さのあるお菓子）**は店のショーウィンドーに飾られ、道行く人々を仰天させます。そしてカレームの才能は、ナポレオンの臣下で大の美食家としても有名だった**タレーラン**の目に留まります。

　さて少し「俺様」ナポレオンの話になりますが、マリー・アントワネットとルイ16世がギロチンで処刑され王政が倒れたフランス革命についてはご存知の方も多いでしょう。ナポレオンが歴史の表舞台に登場するのはその後です。フランスの最南にある美しいコルシカ島（ほぼイタリアです）出身の貧しい貴族の次男坊だったナポレオンは、革命の波が自国に押し寄せることを恐れた隣国との戦で軍人としての頭角を現した戦争オタク。みるみるうちに出世をして、権力を手にしてからたった15年の間にフランス社会を根本から改革します。隣国からは「侵略者」「独裁者」と悪者扱いされがちなナポレオンですが、フランスでは今でも英雄とされ、パリの道や駅の名前はナポレオンの臣下の名前やナポレオンが勝ち戦を収めた土地の地名で溢れています。

　皇帝の座についてお調子に乗りすぎた俺様ナポレオンは、ヨーロッパだけでは満足できず、遂にロシアにまで侵攻したものの、ロシアの冬将軍を甘く見すぎて歴史的な大敗を喫することになります（ちなみに冬将軍という言葉はこの時に誕生します）。ここから

ナポレオンの運命は没落の一途をたどり1814年には遂にパリが
ロシア軍に占領され俺様は退位を余儀なくされます。

　このナポレオンの後始末をし、革命前の麗しい世界に戻そうじ
ゃないかとナポレオンを裏切った大貴族出身で女性と美食には目
がないタレーランの発起で、帝政ロシアとヨーロッパの強国が参
加したウィーン会議が開かれます。この際に敏腕外交官タレーラ
ンは、エリート政治家の代わりにカレームのエリート料理団を引
き連れて会議に参加します。およそ9ヶ月続いた会議の期間中、
おフランス主催のディナーは各国の代表団をあっと言わせ人気を
集めたそうです。特に栗とセロリとキノコを使った秋のポタージ
ュは伝説として語り継がれる一品。この会議でヨーロッパの地図
と上流階級の食卓が変わったと言われ、カレーム自身は各国の宮
廷から引っ張りだこなります。
　カレームとタレーランがタッグを組んだ**「食卓外交」**が功を奏
し、フランスはナポレオン戦争以前の領土をキープし、ヨーロッ
パの強国としての面目を保つことに成功します。カレームはまた、
料理を振る舞う賓客のバックグラウンドやお国柄も考慮してレシ
ピを考えたそうです。基本のソースや調理法から無限に創造力を
発揮する。これがカレームの作る料理でした。毎晩30品の料理
をテーブルに並べておフランスの豊かさを誇示し、見物客の前で
ムシャムシャ食べて健啖ぶりを披露するルイ14世の見せつけて
威嚇する食卓外交から、カレームとタレーランによって、魅了し
て味方につける食卓外交に変わっていきます。この食卓外交は、
現在でもおフランスのお家芸として受け継がれ、近年ではヴェル
サイユ宮殿で催された英国のチャールズ3世新国王を迎えた晩餐
会には、フランス国民も大きな関心を寄せていました。
　カレームが創作した料理ヴォルオヴォン（仔牛の胸腺肉・鶏肉・
マッシュルームのクリーム煮を筒形のパイに入れた伝統料理／私も大
好物の一つ）や、エクレアなどのお菓子は、現在も作られ続けて

います。また、材料・量・調理時間・温度などを詳しく説明したレシピ本を初めて書いた人物でもあり、コック帽の発明者としても知られています。

幼い頃に親に捨てられ、パリのどん底からヨーロッパの宮廷へ野心と努力と情熱でのし上がり、生涯を料理に捧げたこのカレームこそ「世界最高の美食術」の礎を築いた人物。白いコック帽を被ったおフランスの一流シェフ第1号なのです。

もう一人、美食大国おフランスの評判を確固たるものにした人物がいます。それがリッツ・ホテルの初代料理長**オーギュスト・エスコフィエ**（1846〜1935年）です。彼の著作『Le guide culinaire（料理の手引き）』は5000以上のレシピが記された、まさにフランス料理のバイブルで、現在大活躍するシェフたちはこの本のレシピを暗記しているそうです。

現代の一流シェフたちは、カレームやエスコフィエの美食術を継承しつつも、時代の変化に柔軟にフィットしていくために、芸術、化学、植物、歴史など、様々な分野に関心を持ち、それを料理に反映させる達人。彼らはお客様を喜ばせたいという料理人共通のモチベーションに加え、美食大国おフランスの名誉を保つのだという使命感を持っています。

量が多く値段も高めな伝統的ブラッスリー

ブラッスリー（Brasserie）とは、醸造する・醸造所という意味。現在は広い店舗のビストロがブラッスリーを名乗ることがありますが、伝統的なブラッスリーの特徴は以下の通り。

● 朝から夜遅くまで営業している

● 天井が高く、広々としている

● 19世紀後半〜20世紀前半創業のお店が多く、アール・ヌーヴォーやアール・デコ様式など創業当時から残る歴史を感じさせる内装

●テーブルクロスが敷かれてソファ席が多く、ゆったりとしている

●店の外にエカイエ（écailler）と呼ばれる牡蠣などの甲殻類の殻を開ける係がいる

●ウエイターは白シャツ・蝶ネクタイ・黒いチョッキとエプロンを着用

●料理の量が多く値段も高め

そして出される料理も以下のような特徴があります。

●Choucroute（ザワークラウト）などアルザス地方の料理

●Plateau de fruits de mer（生牡蠣、ボイルした海老・蟹・バイ貝などの海鮮盛り）がある

●Maître d'hôtel（メートル・ドテル）と呼ばれるウエイターの長が、客の目の前で取り分けるSole meunière（舌平目のムニエル）や、クレープにグラン・マルニエをかけてフランベするCrêpe Suzette（クレープ・シュゼット）のような、目の前でサービスしてあっと言わせる伝統料理がある

　ブラッスリーがパリの町に登場したのは19世紀半ば。フランス人に帰化したドイツ人がビールを飲みながらソーセージやプレッツェルをつまめるお店をオープンしたのが最初だそうです。そして1860年に葡萄を襲う害虫、フィロキセラによってフランスのワイン生産量がの3分の2に激減し、ビールの消費量が急増します。さらにその10年後の普仏戦争で、アルザス地方がドイツに割譲されたことから多くのアルザス人がパリに移住しました。彼らがブルジョワ階級向けに豪華な内装の店で、生ビールやアルザス料理を出し、人気を集めるようになりました。

歴史的モニュメントとして訪れたい老舗ブラッスリー

　ブラッスリーは客層にも特徴があります。**昔ながらの内装、料理、サービスを提供し、値段も比較的高め**なだけあって年齢層は高め。他のカテゴリーに比べてブルジョワのおじさまやおばさまが多いのが特徴です。**ブラッスリーといえば老舗**という言葉をイメージします。古き良きパリの華やかな伝統を守る老舗がいくつか残っています。この本はガイドブック的なおすすめの店リストはあえてご紹介しませんが、100年以上の歴史を誇るような店は歴史的モニュメントですので、これからも末長く存在してくれることを願って以下に挙げてみます。

Le Grand Colbert （ル・グラン・コルベール）
2 rue Vivienne, 75002 Paris

　19世紀に大流行したパッサージュ（屋根付きアーケード）の中でも最も美しいものの一つが、パッサージュ・コルベール（Passage Colbert）。この通路へとつながる歴史的建造物に指定されたため息ものの店内は一見の価値あり。ハリウッド映画の撮影にも使われました（**写真P123**）。

Bofinger （ボーファンジェ）
5-7 rue de la Bastille, 75004 Paris

　1864年創業の老舗。パリで初めて生ビール（Bière pression ／ビエール・プレッション）を出した店として知られています。創立者がアルザス出身ということで、アルザスのピザ、フラメンキッシュやマンステールチーズ、リースリングなどを使った料理が自慢。そして歴史を感じるクーポラや巨大な鏡など、豪華絢爛な内装が今も残ります。

2章　パリで食べる・飲む

Brasserie Mollard （ブラッスリー・モラール）
115 rue Saint-Lazare, 75008 Paris

　パリ最古の駅、サン・ラザール駅（Gare Saint-Lazare）の目の前にあり、1895年創業当時から大きなグループに属さず独立を守り続けるお店。歴史的建造物に指定されたアール・ヌーヴォー様式の店内とシーフードが自慢です。

Brasserie Floderer （ブラッスリー・フロドレー）
7 cour des Petites-Écuries, 75010 Paris

　1909年創業の木造の内装が特徴のブラッスリー。本格的なザワークラウトを食べるならこちらです。

Le Balzar （ル・バルザール）
49 rue des Écoles, 75005 Paris

　1894年創業の左岸を代表するブラッスリーの一つ。ソルボンヌ大学の間近にあることから、左岸の知識人が通った店として知られています。カルティエ・ラタンのスノッブな知識階層や、観光客で賑わい、大声で笑うアメリカ人旅行客の隣で、読書をしながら一人で食事をする大学教授風のムッシュがいたり…。そんな光景を見ることができる左岸らしいブラッスリー。料理はビストロ料理に近いものが多いのが特徴。

Brasserie Lipp （ブラッスリー・リップ）
151 bd Saint-Germain, 75006 Paris

　サン・ジェルマン・デ・プレの老舗ブラッスリー。黄金期は去った感がありますが、未だに1階はお得意様のみ。一般人は2階

に通されます。一度だけ「本当かなあ」と試しに行ってみたところ、まんまと2階へ案内されました（笑）。

●モンパルナス3大ブラッスリー

Le Dôme （ル・ドーム／1898年創業）
108 bd du Montparnasse, 75014 Paris

La Rotonde （ラ・ロトンド／1903年創業）
105 bd du Montparnasse, 75006 Paris

La Coupole （ラ・クポール／1927年創業）
102 bd du Montparnasse, 75014 Paris

「狂乱の時代」と呼ばれる1920年代、パリの芸術の中心は北のモンマルトルから南のモンパルナスに移行します。3軒ともドーム、円形ホール、クーポラという同じテーマの名前なところが面白いのですが、それぞれのお店のお得意様リストは20世紀の著名人図鑑のようです（笑）。個人的にはラ・クポールのアール・デコ様式の内装は圧巻だと思います。地下のダンスホールでは、ジョセフィン・ベイカーが踊ったことでも有名。

La Closerie des Lilas （ラ・クロスリー・デ・リラ）
171 bd du Montparnasse, 75006 Paris

　革張りのソファ席が重厚で大人のムードを漂わせる歴史的なブラッスリーは、20世紀のフランスとアメリカの文豪に愛されたことで有名です。ヘミングウェイはこのお店で『日はまた昇る』を執筆。フィッツジェラルドが『華麗なるギャツビー』をヘンリー・ミラーに読ませたという逸話も残っています。緑に囲まれた

テラスは、左岸の知的ブルジョワ階級の憩いの場です。

庶民的な「ビストロ」

パリといえばビストロです。レトロな内装、狭い店内、赤と白のギンガムチェックのテーブルクロス、木製の椅子。肩が触れ合いそうな隣の席のお客さんと、突然会話が始まったり。ザックリ定義すると**「昔ながらの庶民的なレストラン」**です。

- ●営業時間はレストランと同じように昼と夜のみ
- ●亜鉛製（Zinc）のバーカウンターがある
- ●テーブルはいたってシンプル。テーブルクロスはない。もしくは紙のシートが赤白のギンガムチェッククロスの上に敷かれている
- ●席が狭い
- ●「今日のメニュー」が黒板に手書きで書かれている

料理は以下のような定番のフレンチ。ブラッスリーと品揃えは似ていますが、量と皿はブラッスリーより小さめで値段も安め。

- ●Escargots（エスカルゴ）
- ●Soupe à l'oignon gratinée（オニオン・グラタン・スープ）
- ●Poireau vinaigrette（ポワロネギのヴィネグレットソース）
- ●Œuf mayonnaise（ゆで卵マヨネーズ）
- ●Os à moelle（牛肉の骨髄オーブン焼き）
- ●Harengs à l'huile（ニシンのオイル漬け）
- ●Poulet frites（チキンとフライドポテト）
- ●Steak frites（ステーキとフライドポテト）
- ●Steak tartare（タルタル・ステーキ）
- ●Confit de canard（鴨のコンフィ）
- ●Bœuf bourguignon（牛肉の赤ワイン煮込み）
- ●Andouillette（豚の臓物ソーセージ）などなど。

ビストロが、レストラン、ブラッスリー、カフェと決定的に違うのは、パリならではのものということ。もちろん地方でビストロと名乗っても法律違反ではありませんが、フランス人にとって、ビストロといえばパリ。出される料理はフレンチの定番なのでブラッスリーやブイヨンとさほど変わりませんが、違いは店構えとエスプリ（Esprit）です。それが何かを説明するためには、ビストロ誕生の歴史をお話ししなければなりません。

ビストロの歴史

　ビストロ（Bistro、Bistrot）という名前の起源についてはいくつか説がありますが、どれも確かではありません。一番有名な説は、1814年に暴れん坊ナポレオンにとどめの一撃を与えたパリの戦いの後、モンマルトルに駐屯していたロシア兵が門限に遅れないように、食事処で「ビストロ！　ビストロ！」（ロシア語で急げ！　急げ！）と言ったことが語源というもの。ですがどうやらこれは都市伝説のようで、ビストロがフランス語の辞書に登場するのはもっと後のこと。フランス西部の方言で、ワイン商人、酒屋を意味するBistraudが語源であるという説に信憑性がありそうです。

　ビストロの原型は1900年代初頭に登場します。フランスで最も貧しい地方の一つ、中央山脈があるオーヴェルニュ地方（ヴォルヴィックの源泉があるところです）から、産業革命真っ只中にあったパリに大量の移民が流れてきます。貧しい農家出身のオーヴェルニュ人たちは、炭運びという肉体労働に従事します。彼らは炭に加え、ワインやタバコ、豚肉加工品などを売り始め、次第にカフェ、食事処、安宿も併設するようになっていきます。これがビストロの原型です。オーヴェルニュ人たちは、オーヴェルニュ・マフィアとも呼ばれ、結束力の強いコミュニティを作り上げ、パリの飲食店を牛耳るようになります。

　ビストロは朝早くから夜遅くまで営業する、パリジャンたちの

憩いの場所でした。朝はカウンターでコーヒーと、バターを塗ったバゲットのタルティーヌを浸して軽い朝ごはん、仕事の前にカウンターに常備してあるゆで卵をおつまみにワインを1杯ひっかけたり、小腹が空いたらバターとハムとピクルスのパリジャン・サンドをワインで流し込んだり。お昼時は庶民的でお腹がいっぱいになる定番料理を破格の安値で食べることができ、日中もコーヒー1杯で何時間も居座ることができる。労働者からエリート銀行マンまで、様々な階級のパリジャンたちがカウンターで世間話を交わすような人情味溢れる空間、それがビストロのエスプリでした。現在は、こういったお店はカフェの分類に入ることが多く、ビストロはノスタルジックで庶民的な雰囲気のレストランというイメージが一般的です。

「ビストロノミー」の出現

　近年「ガストロノミー（高級フレンチ）」とビストロを混ぜて、「ビストロノミー」なる新たなカテゴリーのお店が従来のビストロに取って代わってきています。星付きの高級レストランで指揮をとっていたシェフや、長年一流レストランで腕を磨き上げてきた若手のシェフたちが、**飾り気のない、無駄を省いたお店で、味重視の簡素なレストラン**を次々とオープンしていきました。つまり、見かけはビストロ、中身は一流レストラン顔負けの創作料理が味わえる店が「ビストロノミー」なのです。肩肘を張らず、マナー・エチケット、ドレスコードなどを気にすることなく、素材にこだわり、伝統フレンチを基盤にしつつも、アレンジを加えた創作料理を堪能できるとあって、特にパリのBOBOエリアに多くのお店が軒を連ねます。

　もちろん、食べるのが大好きな私はそんな「ネオ・ビストロ」も好きですが、昔ながらのビストロの素朴で少々荒っぽい料理や、ノスタルジックな内装、ガヤガヤした庶民的な雰囲気が実は何よ

りも好きです。今までにない味を創造することも、伝統の味を守ることも、同じくらい尊い仕事だと思います。そんな「昔ながら、庶民的な」という言葉に弱いのは私だけではなく、10年ほど前から「昔ながらの庶民的なフランス料理」が再びブームになっています。「ここはフランスだ！　フランスの伝統料理を食べてくれ！」と若い世代のオーナーたちがおフランスの大衆食堂を復活させ、どこの店舗も連日大行列の人気を誇っています。それが次にご紹介するカテゴリー、「ブイヨン」です。

新たな大衆食堂「ブイヨン」

ブイヨンもまた、ビストロと同じようにパリのシンボルの一つです。「ブイヨン」は日本語でも「西洋料理の出汁」として知られる言葉ですが、もちろん語源はフランス語。**19世紀半ばにパリで生まれた大衆食堂**です。

- ●とにかく値段が安い（前菜の王道、ゆで卵マヨネーズは2ユーロ程度、メインの鶏のローストは10ユーロ程度）
- ●シンプルな伝統フレンチでどこもメニューはほぼ同じ
- ●飲み物は「ア・ラ・ヴェルス制」でサイズの幅が広く安い（コップ1杯〜ジェロボーム瓶3ℓまである店も！）
- ●年中無休で昼から深夜までノンストップで営業
- ●広い店舗が多い
- ●サービスが迅速

という特徴が全てのブイヨンに共通するものですが、19世紀に創立され現在も営業中の老舗ブイヨンと、2018年にオープンして以来、パリジャンたちに大人気の「ネオ・ブイヨン」との違いは、内装です。老舗のブイヨンは、歴史的建造物にも指定されたベルエポックの見応えのある店内ですが、「ネオ・ビストロ」は赤いベンチに白いタイルの壁、木製のビストロ椅子といった「パリっぽさ」を演出した、明るくて現代的な雰囲気です。

ブイヨン誕生の立役者

　ブイヨンには発明者がいます。1855年、今はなきパリの中央市場レ・アール界隈で精肉店を営んでいた**デュヴァル氏**が、安くて美味しくてシックな飲食店をオープンします。広々とした豪華な店内で白いシャツに黒い蝶ネクタイとエプロン姿の給仕係が、ブイヨンだけではなく、シチューやステーキといったブルジョワ家庭で出されるような料理まで運んできます。安さの秘密は、お肉もパンもワインも自家製だったこと。お肉は安い部位から高級な部位まで余す所なく使われました。

　それまでは客層が一部の富裕層に限られていたレストランが庶民でもアクセスできるようになり、瞬く間に大流行してパリ中に20以上の店舗を展開します。このブイヨン・デュヴァルのライバル店が、今も残るブイヨン・シャルティエ（**写真P125**）です。歴史的建造物にも指定されたモンマルトル通りにあるお店は現在も年中無休で営業を続け、毎日地元の常連やツーリストの長い行列ができています。

　おフランスは人件費が高いので、日本に比べると外食費の高さには仰天してしまいます。ファストフードでも私がお腹がいっぱいになるくらい食べようと思うと、15ユーロはかかります（しかもすぐにお腹が空きます）。「前菜で4ユーロ、メインで9ユーロ」で添加物もなく栄養価も（カロリーも）高い「ザ・おフランスの定番料理」を素敵な内装の中でいただけるブイヨンは本当にありがたい存在です。ぜひ一度は足を運んでください。

老舗ブイヨン

Bouillon Chartier Grands Boulevards
（ブイヨン・シャルティエ・グラン・ブルヴァール）

7 rue du Faubourg-Montmartre, 75009 Paris

　ブイヨンの代名詞のような存在。高い天井と歴史的建造物に指定された内部は一見の価値あり。ウエイターがテーブルの紙ナプキンにオーダーを書き、会計をしてくれます。常連さんがナプキンを入れていた木の引き出しがノスタルジックな雰囲気です。

Bouillon Chartier Montparnasse
（ブイヨン・シャルティエ・モンパルナス）

59 bd du Montparnasse, 75006 Paris

　シャルティエのモンパルナス店もベルエポックの美しい内装が自慢。こちらも歴史的建造物に指定されています。

Bouillon Julien （ブイヨン・ジュリアン）

16 rue du Faubourg Saint-Denis, 75010 Paris

　アール・ヌーヴォー様式が大変美しいブイヨン。優雅な店内とは裏腹に値段は庶民的というギャップが老舗ブイヨンの魅力です。

Le Petit Bouillon Pharamond
（ル・プティ・ブイヨン・ファラモン）

24 rue de la Grande Truanderie, 75001 Paris

「パリの胃袋」と呼ばれたレ・アール旧中央市場の界隈にある19

世紀創業の老舗。外観はノルマンディ風の木組みの家で、1889年のパリ万博でノルマンディ館として使われ、政治家や文豪など著名人も常連だった店。創立者がノルマンディ出身だったため、珍しいノルマンディの郷土料理も味わえます。歴史的建造物に指定された店内が見応えあり！（**写真P125**）。

進化系ブイヨン

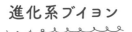

Bouillon Pigalle（ブイヨン・ピガール）
22 bd de Clichy, 75018 Paris

2018年のオープンでパリに「空前のブイヨンブーム」を巻き起こした「ネオ・ブイヨン」の先駆け的存在。シンプルでノスタルジックなかわいらしい皿や内装、明るくて清潔感がある店内、若い店員さん（オープン当時は若いイケメン限定でした）の感じの良いサービス。ビストロノミーのおしゃれ化されたフレンチではなく、ストレートに昔ながらの牛肉の赤ワイン煮込みが若いパリジャンたちに支持されるようになった、ブイヨン再燃ブームに火をつけた店です（**写真P13・125**）。

パリジャンの憩いの場「カフェ」

　最後にお話しする飲食店のカテゴリーは、カフェです。定義としては、その名の通り**カフェ（コーヒーが飲める店）**のこと。私のパリのカフェ愛については前作『フランス人は生きる喜びを知っている』の中でも語っていますが、「パリの魂が凝縮した、パリジャンの日常生活に最も欠かせない、飲食店の枠を超えた一種のモニュメント」、それがカフェなのです。私は、エッフェル塔に登るよりも、パリのカフェに入ってパリジャンを観察することこそ、真のパリ観光だと思っています。

　150年前から建物など町の風貌はさほど変化していないパリですが、ちょうど20年前にアメリカのスターバックスが上陸して以来、パリのカフェ事情もだいぶ変化しました。スタバ以外にも豆の産地にこだわったお店やバリスタのラテアートが楽しめるお店も増え、カプチーノやら豆乳ラテをテイクアウトして街中でポーズをとったり、MacBookを持ち込んで抹茶ラテを飲みながらリモートワークする若者がいるようなお店が急増しています。ただこういうお店はカフェではなくコーヒーショップであり、アメリカでもスウェーデンでも東京でも似たような空間だと思いますので、私の中ではパリのカフェの分類には入りません。パリのモニュメント的な存在のカフェとは別物として楽しんでいます。

カフェで世界を一新する

　パリの町にコーヒーの香りが漂い始めるのは17世紀後半。1686年にシチリアからやってきた**フランチェスコ・プロコッピオ**が、フランス風にル・プロコープと名を改め、現在のオデオン駅前にパリで最初のカフェをオープンします。現在もパリ最古のカフェとして知られる**ル・プロコープ**（Le Procope）の誕生です。一度は大衆的レストランチェーンのブイヨン・シャルティエにも

なりましたが、その歴史的価値の高さから今では世界中から歴史マニアが訪れるカフェ・レストランとして営業しています。

　歴史マニアの聖地となった理由は、パリ初のカフェだからではなく、このカフェからフランス史が、いや世界史が変わった場所だからです。18世紀後半、絶対王政と教会に押しつぶされた古い世界の価値観を変えた啓蒙思想家たちが熱い議論を交わしたカフェであり、この新しい思想が民衆の間に広まったことで、フランス革命へと突き進んでいきます。今私たちが生きる自由な世界が、このカフェで生まれたと言っても過言ではないのです。

　カフェで何時間も「あーでもない、こーでもない！」と長話や議論をすることをフランス語で**On refait le monde dans un café.（カフェで世界を一新する）**と言います。カフェは議論好きのフランス人にとってなくてはならない空間。パリの町に誕生した時から、カフェにこそ「パリジャン魂」が宿っているのです。

「パリ流カフェ」の定義

- ●朝から夜までノンストップで営業している
- ●多くは亜鉛製（Zinc）のカウンターがある
- ●朝はフランス式の朝ごはん（Petit déjeuner）が食べられ、カウンターにクロワッサンがある
- ●Licence 4 というアルコール類を出せるライセンスがカウンター横に掲示してある
- ●多くはランチに日替わりメニューを出している
- ●スイーツはタルト・タタンや、クレープなど素朴なもの。多くは昼のランチの残り
- ●サンドイッチ（パリジャン・サンド）やクロック・ムッシュなどの軽食をとることができる
- ●夕方はアペロ用にハムやチーズの盛り合わせがある

という共通点があります。

実はビストロとカフェを区別する境界線は非常にあいまいなのですが、ビストロはあくまで庶民的な飲み物や食べ物を出すお店であるのに対して、カフェはサン・ジェルマン・デ・プレのスノッブなカフェ、オペラ座の目の前の高級カフェから、タバコや馬券を売るPMU（ペーエムウー）と呼ばれる安いカフェまでピンキリで、凝った日替わりランチを出すお店もあれば、飲み物だけのお店もある、という違いがあります。

「ツーリストの罠カフェ」にご用心

　おフランスの首都パリは、もちろん他の都市に比べて物価が高いのは想像に難くないと思います。座って飲むコーヒーの平均的な値段は3ユーロ前後ですが、例えば「黄色いベスト運動」の際にも起きたような暴動が発生すると必ず狙われるセレブなカフェ代表、シャンゼリゼ大通りの有名店ブラッスリー・フーケッツ・パリ（Brasserie Fouquet's Paris）ではエスプレッソが8ユーロです。サン・ジェルマン・デ・プレの有名店、レ・ドゥー・マゴ（Les Deux Magots）や、リヨン駅内の優雅なル・トラン・ブルー（Le Train Bleu）などの老舗有名店ならば、コーヒー1杯で優雅な気分を味わえ、午後のひと時を過ごしたと一生の話のネタにもできますから、エスプレッソ1杯5ユーロでも安いものです。行ったというだけで価値があるお店は5ユーロでも10ユーロでも拝観料と思って良しとしています。

　こういった伝説的（mythique）な店以外の、身近な存在のカフェのお値段はというと、私のモンマルトルの行きつけのお店、ラ・フルミ（La Fourmi）は、エスプレッソ1杯1.8ユーロです。コーヒー1杯で午後中粘ることもありますが、お店に入ると「あー！お元気？」と笑顔で迎えてくれ、「いつものだね？」とプティ・クレームを持ってきてくれます。

　エリアやお店の格によってお値段がピンキリというのは当然の

2章　パリで食べる・飲む

155

ことなのですが、世界一の観光都市パリには、パリジャンたちが「ツーリストの罠（Attrape touriste）」と呼ぶ、有名店でもないくせに法外な値段設定をして涼しい顔で営業する店がたくさんあります。立地が良いから一見さんのツーリストが絶対に入ってくるし、高くても文句を言わずに払うからという店と、常連さんもツーリストも同じ扱いという店では当然値段もサービスも、料理の質にも格段の差が生じます。

　そういう店をぱっと見だけで避けるコツというのは、やはりパリジャンがいるかいないかなのですが、みんな外人さんだから誰がパリジャンで誰がツーリストなのかわかりませんとおっしゃるのもごもっともです。そんな時にはエスプレッソの値段を見れば良いのです。2024年9月現在、パリのエスプレッソの平均価格は3.2ユーロです。

　例えばパリの中心部で見かけた某ツーリストの罠カフェは、なんとエスプレッソが7ユーロ！　フーケッツやドゥー・マゴのような伝説的カフェというわけでもなく、ただ立地が良いというだけの店です。一度だけ仕方なく入ったことがあるのですが、一緒にいたパリ生まれ・パリ育ちの友人は「警察に通報する！」と激怒していました（笑）。

　そのカフェから歩いて数分の場所にある、最高裁判所とサント・シャペルの目の前の老舗カフェ、レ・ドゥー・パレ（Les Deux Palais）は、2024年現在もなんとかエスプレッソは3ユーロ以下に抑えて、近くの警察庁の公務員や、弁護士といった常連さんたちとツーリストでいつも賑わっています。私が置き忘れた折り畳み傘を走って届けてくれたり、買ったばかりのセザンヌのスカートが入った袋を置き忘れても、翌日までちゃんと取っておいてくれたり、親切な店員さんが多いので、少し遠回りしてもここで休憩しようとなるのです。

　もちろんカフェの値段設定だけでお店のクオリティが保証されるわけではありませんが、他のものは高めでも、カフェで最も安

い飲み物であるエスプレッソだけは、普通の値段を守り通すかどうか、そこに「ツーリストの罠カフェ」として堂々と営業するのか、パリジャンにも来てもらいたいという「パリのカフェ」としてのプライドを持っているのか、その店のポリシーが表れます。カフェを含めた飲食店は店内にも外にも価格を表示することが義務付けられていますので観光地では入店前に値段をチェックすることをおすすめします。

カフェと「サロン・ド・テ」の違い

よく「カフェでお茶をして、スイーツを食べたいです」というリクエストをいただくのですが、実はなかなかの難題なのです。なぜかというと、日本の皆様がイメージするカフェと実際のパリのカフェにはギャップがあるからです。

日本で「カフェ」というと、女子会やデートの場所として利用する「パリっぽい喫茶店」的な店が多く、メニューを見ればカフェ・ラテや各種ケーキ類、洋食などを提供するお店が多いのですが、それに比べると、実際の**パリの普通のカフェは、居酒屋かドトールに近い**と言えます。カフェはフランス人にとって決しておしゃれで特別な、テンションの上がる場所ではなく、休憩する、トイレに行く、時間を潰す、お腹を満たす、喉の渇きを癒やすという外出中の避難所、日常生活になくてはならない施設です。

パリジャンには必ず行きつけのカフェがあります。お店の感じが良い、雰囲気やBGMが好き、安い、テラスがある、トイレにいつも紙がある、すぐ近所、店員さんがかっこいい、などなど選ぶ理由は人それぞれ。ですが、ランチで利用する場合を除いて、レストランやビストロのように「味で選ぶ」ということはありません。というのも、実はどのカフェも置いてあるものはほぼ同じだからです。

アメリカ風のコーヒーショップにあるようなスコーンやパウン

ドケーキ、マフィン、クッキーのようなスイーツもありませんし、エクレアやミルフィーユ（実はミルフォイユと発音します）、マカロンといったおフランスの洗練されたお菓子類もありません。

日本の皆様がイメージする**ケーキを食べられる店は、「カフェ」ではなくサロン・ド・テ（Salon de thé）**という別のカテゴリーのお店です。「ケーキといえばおフランス」ですので、スイーツ巡りをしたいという方も多いですが、華麗なるケーキ屋さん、パティスリー（Pâtisserie）は、ほとんどがテイクアウトのみです。

そもそもパティスリーとは、小麦粉から作る生地（Pâte）を焼いたもののことで、それを作る人をパティシエ（Pâtissier）と呼びます。ですので、多くのケーキ職人はパン職人でもあり、パン屋さん兼ケーキ屋さんなので、イートインできるお店は非常に少ないのです。そして、ケーキはどういう時に買うかというと、ホームパーティにお呼ばれされて「デザートを持ってきて」とお願いされた時や、家でホームパーティをするけど、手作りのお菓子を作るのが面倒な時、誕生日などのお祝い事、恒例の日曜のランチの時などであって、おフランスではそうした家で集う機会が多いので「ケーキはテイクアウト」が一般的なのです。

カフェでケーキを食べる裏技

私がたまにカフェでお目当てのパティシエさんのケーキを食べてお茶をしたいという時は、そのケーキ屋さんの近所にあるカフェに「ケーキ買ってきたんだけど、ここで食べてもいい？」と聞きます。美味しいクロワッサンを買った時などにも、そのカフェにクロワッサンが置いていなければお願いします。

基本的にカフェに他のお店で買ってきたものを持ち込んで食べることはタブーですが、同じものがそのカフェに置いていない場合は「いいよ」と言ってくれるお店がほとんど。席に座る前に予め承諾を得ていれば問題ありません。

老舗の「サロン・ド・テ」

さて、ケーキを頂きながらゆったりお茶を楽しむことができる
サロン・ド・テといえば、華麗なケーキやマカロンを専門とする
有名なラデュレ（Ladurée）や、モンブランで有名なアンジェリー
ナ・パリ（Angelina Paris）、セレブなマダムたちとツーリスト
で賑わう老舗のカレット（Carette）、リッツ・パリ（Ritz Paris）や、
ル・ブリストル・パリ（Le Bristol Paris）、ル・ムーリス（Le
Meurice）などの超高級パラスホテルといった具合で選択肢は限
られます。

昼間からティーサロンでケーキを食べながら優雅にお茶をする
ことができるというのは、セレブな有閑マダムたちかツーリスト
がほとんどです。1900年、良家の女性たちが男性の同伴なしに
外出することができなかった時代に、**ラデュレ**が初めてパティス
リーとカフェをミックスした女性だけで来店できる喫茶店として
繁盛し、パリ万博で一気に華やかさを増したパリの町にサロン・
ド・テが次々オープンしました。優雅な女性たちの社交の場であ
るサロン・ド・テが、現代のパリでは意外に少ない理由の裏には
女性の就業率の高さが関係しているのかもしれません。私の勝手
な想像ですが。

高級パティスリーの大衆化

最近は、前述のようにグルメブームで高級レストランがわりと
行きやすくなったように高級パティスリーも大衆化し、「最も手
に入れやすいリュクス」として若者の間に「高級パティスリーマ
ニア」が急増しています。そしてコロナのロックダウンで「お菓
子作り」が老若男女を問わず人気を集めたり、これまたテレビの
リアリティ・ショーが社会現象となり、今まで裏方だったシェ

フ・パティシエが（なぜか皆さんヒゲとタトゥーのイケメン）芸能人並みの人気を博すようになりました。若手の元パティシエ世界チャンピオン、**セドリック・グロレ**さんの店、Cédric Groletの前は連日長蛇の列です。

　そして高級パティスリーブームに加え、コロナ後に大量にパリに戻ってきたツーリストのニーズや、テレワークをする甘党が増えたという時代の変化にも伴って、今パリでは新しいサロン・ド・テが次々とオープンしています。

　カフェで食べられるスイーツというのは、食事は甘いもので締める習慣があるフランスのランチで出されるデザートの残りという場合がほとんどです。店によってはクレープを出したり、有名パティシエのケーキを売りにするカフェも最近はチラホラ見かけますが。

カフェではメニューを見ずにオーダー

　フランス人はカフェに入るとメニューを見ずにオーダーします。特に忙しいパリでは席に着いた途端「何にする？」と聞かれるので、住み始めた当初は「えー！　まだ決めてないよ！」とメニューを頼んでいましたが、そうするとウエイターがなかなか戻ってこなかったりします。**メニューをもらっても結局あるものはどこも同じ**ということに気づいてからは、カフェでは席に座る前に頼むものを決める習慣がつきました。P180のようなものはどこにでもあるので頭に入れておくと便利です。

　ちなみに「メニュー表」のことは、フランス語では「カルト（Carte）」になります。「Menu」は「定食」という意味になりますのでご注意を！

　本場パリのカフェには、ソフトドリンクよりも圧倒的にアルコール類のチョイスの方が多く、ビールやワインはもちろん、カクテルや食前酒、食後酒、シャンパンまで、あらゆるチョイスが揃

います。おフランスといえば1956年まで学校給食でワインを飲ませていた国ですから、今でも日常に欠かせないフランスのシンボルといえばワインですが、**カフェで最も消費されるアルコール類は実はビール**です。街を歩くと朝から夜まで、ビールを飲むパリジャンを見かけます。我が家のお父ちゃんも陽気な休日に出かけると、午後にテラスでビール。夕方のアペリティフもビール。食事中はワイン。食後にバーに行けばまたビールといった具合で、若者（私の世代も含みます）は特にソフトドリンク感覚でビールを飲んでいます。

　パリでは夜9時を回ると「温かい飲み物は出さないよ！」と食後のコーヒーだけ飲みに来る客を断るカフェがあります。安いコーヒーを飲む客よりも、お酒を飲んでくれる客が優先というわけですが、法律に違反しているそうです。早い時間にサクッとアジア飯を食べ、お茶を飲みながらしゃべり続ける日本人同士の夜会の際に何度かこうして追い返されました。

朝食はホテルよりカフェがおすすめ

　パリ滞在中に一度はホテルの朝ごはんでなく、カフェで仕事に出かけるパリジャンたちを見ながら朝ごはんを楽しんで頂きたいものです。**一般的なおフランスの朝ごはんは、おやつのような甘いもの**。基本的に「しょっぱいものは朝から無理」なのだそうで、果物はあっても野菜は見たことがありません。なんとか頑張ってハム、チーズ、卵がつくという感じです。以降に定番の朝ごはんを紹介します（カッコは注文の会話例）。

▶▶ 朝食セット Une formule petit-déjeuner
「ユン・フォルミュル・プティ・デジュネ」

- 温かい飲み物 Une boisson chaude「ユン・ボワッソン・ショード」
- オレンジジュース／グレープフルーツジュース　Un jus d'orange /pamplemousse 「アン・ジュ・ドランジュ/アン・ジュ・ド・パンプルムス」
- デニッシュ（ヴィエノワズリー）Une viennoiserie「ユン・ヴィエノワズリー・アン・クロワッサンまたはアン・パン・オ・ショコラ」
- 縦切りのバゲットにバターとジャムを塗ったもの　Tartine beurre／confiture「ユン・タルティーヌ・ブール／コンフィチュール」

　たっぷりバターを塗った焼きたてバゲットの**タルティーヌを、カフェ・クレームに浸しながら食べる**のが最もポピュラーな朝ごはん。一般のフランス人はクロワッサンは毎日は食べず、日曜や特別な日の朝のみのご馳走。24年前、このタルティーヌがいつでも食べられるパリに私はどうしても移住したいと思いました。娘の名前をタルティーヌにしようと思ったくらい、フランスで何よりも好きなものです（笑）。ぜひパリジェンヌになりきって、コーヒーに浸したバターたっぷりのタルティーヌを、ちぎらずにかぶりついてみてください！

大人のバーの愉しみ。手の届くリュクス

ガイドのお客様にもよくおすすめのバーを尋ねられることがあります。私は見かけによらずお酒があまり飲めないのですが、お酒全般の味自体は好きですし、お酒を飲む場所や雰囲気にはとても憧れます。フランスのカフェは前述のように「ドトール」と「居酒屋」を足して2で割ったような存在なので、いつでもお酒が飲め、ソフトドリンクの種類よりもお酒の種類の方が多いですから、お酒を飲みながら人に会うのならカフェで十分事足ります。ですが、一般的なカフェのワインセレクションは、赤白ともに4〜5種類あれば充実している方です。

そこで、食事以外でもっとワインを楽しみたいという方におすすめしたいのはBar à vin（バー・ア・ヴァン）。ワイン・バーです。その名の通りワイン専門店でサラミやチーズといったおつまみをつまみながら飲む雰囲気のお店が最近ますます増えてきています。コース料理などでお腹がいっぱいになる心配をせずに、気軽にワインを試せるので愛好家にはおすすめです。

私は普段は食事がメインで、お料理に合うワインを少し頂く程度ですが、お酒が弱いくせにたまに背伸びして行きたくなるのが、**カクテル・バー（Bar à cocktail／バー・ア・カクテル）**です。

映画のヒロインになったような、非日常を体験できる大人の空間がパリにはたくさんあります。例えば敷居が高そうな超高級パラスホテルのバーはかなり緊張しますが、結婚記念日やお誕生日におめかしをして行けば、特別な時間を過ごすことができます。

ホテル内の星付きレストランは、お値段的にかなりハードルが高いですが、カクテルであれば手が届かないお値段ではありません。おフランスが誇る高級パラスの雰囲気やサービスを破産せずに楽しむ方法として、スイーツ好きの方にはアフタヌーン・ティ

一、お酒が好きな人にはカクテルバーは、「手の届くリュクス」「手の届くゴージャス体験」としておすすめです。

　高級パラスホテルではなくても、最近人気のルーフトップや眺めの良いおしゃれなホテルのカクテル・バーや、ヘミングウェイやフィッツジェラルドなどアメリカの文化人が通った歴史あるハリーズ・ニューヨーク・バー（Harry's New York Bar）もオペラ座界隈にあり利用しやすいので個人的にとても気に入っています。
　私のようにアルコールに弱い人はお酒の量を少なめにしてもらったり、最近は様々な理由でアルコールを飲まない客層も増えていますのでMocktail（モクテル）というノン・アルコールのカクテルも大変人気で、新しいアートとして定着してきています。

シェアはマナー違反

　さて、おフランスでレストランを利用する際に日本の皆様に気をつけてほしいこと、それは、きちんとしたレストランで食事をする際は「食べる覚悟」が必要だということ。サイドメニュー的なものだけいくつか頼んでみんなでシェアして、色々なものを少量ずつ味わうというオーダーの仕方は、食が細く好奇心旺盛な日本人に適したシステムですが、前菜、メイン、デザートと趣向を凝らした料理を誇りを持って出しているフランスの店では良く思われませんし、「お帰りください」と言われることもあります。

　店の方針や雰囲気にもよりますので、例えばブイヨンのような大衆的な店でも「最低でも一人につき前菜2品もしくはメインを1品頼んで」と言われることがあります。こういう店は一日中ノンストップで営業していて一席が何回転もするような店です。ゆっくりと料理を味わうレストランでは昼も夜も一席に一組です。だからこそおまかせコースのみにして、アラカルトをあえて出さ

ない店もありますし、3品フルコースではなく、前菜＋メイン、またはメイン＋デザートという2品コースを出して、元が取れるようにしているわけです。

食が細いからといってコース料理を二人でシェアするということは、ノンストップのカフェやブラッスリーでも嫌がられますが、特に回転数の少ないレストランでは禁物です。最近は「タパス風」をコンセプトにした新しいタイプのレストランやワインバーのような店も増えていて、そういったコンセプトの店では好きな数だけ料理を頼みシェアすることができますが、通常のレストランでは最低でも各自メインを1皿オーダーします。

食べきれなければ「持ち帰りOK」

私のYouTubeの視聴者の皆さんはすでにご存知の通り、私はよく食べます。人様に自慢できることといったら強靭な胃袋くらいなものです。そんな私でも24年前にパリへ移住した頃は「前菜にパテ、メインにステーキとフライドポテト、チーズの盛り合わせを食べた後にりんごのタルト」というフルコースをぺろっと食べるパリジャンたちを見て仰天したものです。

そもそも「食後にチーズを食べる人の気がしれない」と思っていましたが、今となっては「チーズがないとフレンチを食べた気がしない」と思うくらい、味覚も胃袋もおフランスかぶれしてしまいました。旅行でフランスを訪れる日本の皆様（特に年配や女性）からは、「量が多くて食べきれないのでレストランに行くのが不安」という声をよく聞きます。「残すのが申し訳なくてレストランに行きにくかった」というYouTubeでのコメントもありました。

そんな皆様に朗報です。フランスでは2021年7月1日から**ドギーバッグ**（Doggy bag／英語ですがフランスでも通じます）での持ち帰りの対応が全ての飲食店で義務化されました。食べ残しは包んで持ち帰りができるので「あれも食べたいこれも食べたい」と安

心して注文できます。

　これは、大衆食堂のようなお店から星付きの高級レストランまでルールは同じ。特におまかせコース（Menu dégustation／ミニュ・デギュスタション）が一般的で品数も多い高級フレンチのレストランでは美しい箱と紙袋に入れてくれます。ドギーバッグという言葉が優雅ではないと感じる方はÀ emporter, s'il vous plaît.（ア・オンポルテ、シル・ヴ・プレ）とお願いしましょう。

女性のひとりごはんなら

　YouTubeの質問コーナーで「女性のひとりごはん」いわゆる「ボッチ飯」をするにはどういうお店がおすすめですか？という質問を複数頂きました。確かに悠々気ままに大人の一人旅を楽しむのは私自身の夢でもありますが、唯一のネックは食事です。食べることが何よりの旅の楽しみなので、スーパーで買ったものをホテルの部屋で食べるだけでは味気ないけど、知らない土地でのボッチ飯は確かにちょっと勇気がいるもの…。

　一見怖いものなしに見える周りのフランス人女性に聞いてみても「一人で外食するのはやっぱり落ち着かない」そうです。もちろんどんな飲食店もおひとり様でお食事することは可能ですので、自分が「ここならいけるかも」というお店に入れば良いだけだと思いますが、なるべくMal à l'aise（マル・ア・レーズ＝落ち着かない、ソワソワする）と感じることなく、「フランスに来てフランス料理を食べた！」という実感を得るための、フランス人の友人たちや私自身の「女性のボッチ飯アドバイス」は次の通りです。

▶▶ フレンチのボッチ飯ならランチがおすすめ

　ランチタイムは一人でランチ休憩をされている方も多いので、それほど「浮いている感」はありませんし、平日はブラッスリーもビストロもカフェも、一品ずつの量が少なめのMenu déjeuner（ムニュ・デジュネ／お昼の定食）を出しているので（それでも日本人女性には多いかもしれませんが）、フレンチを楽しむにはランチがおすすめです。もちろん高級星付きレストランもお昼のムニュは量も少なめでお値段も夜に比べて低めに設定されていますし、おひとり様でも一流の温かいサービスで歓迎してくれます。

　ランチタイムは軽食をとることができるお店の種類も豊富です。私や周りの友人たちもよく利用するのが、**サロン・ド・テのキッシュとサラダのランチ**。サロン・ド・テは圧倒的に女性客が多いので、一人でいても安心感があります。食後のデザートやお茶類も豊富なので日本女性には特におすすめです。キッシュとサラダといったワンプレートの軽食にはフランスの代表的な「スナック」の一つ、クロック・ムッシュがあります。これはどこのカフェにも必ずある一品なので、私もよく町歩きをしながら「そろそろお腹空いたな。お店探すのも面倒だし」と、適当にカフェのテラスで「クロック・マダムとサラダ」で昼食をすませることがあります。

▶▶ ミュゼ・カフェを利用する

　美術鑑賞の後に、一人で入りやすい**美術館内のカフェ**での軽食もボッチ飯におすすめです。特に前述のロマン派美術館のカフェや、コンコルド付近のジュ・ド・ポーム国立美術館（Jeu de Paume）に入っているローズ・ベーカリー（Rose Bakery au Jeu de Paume）は、女性客に大人気のヘルシー志向のお店。パリに数店舗があります

が、モンマルトルの商店街マルティール通りのお店（Rose Bakery - Tea Room Martyrs）のサラダランチは、私も定期的にボッチ飯でお世話になっています。

▶▶ アジア・エスニック料理のレストラン

洋食に飽きた方におすすめなのが、ベトナムやタイ、中華といったアジア・エスニックなお店。フランス人の味覚に合わせたアジア・エスニック料理を味わってみるのも面白い体験です。こういったお店は昼も夜もボッチ飯のパリジャンを多く見かけます。やはりテーブルに長時間座って食事をするお店というのは、フランス人にとってもボッチ飯スポットとして利用しにくいようです。

▶▶ ディナーはサクッとブイヨンで

落ち着いてボッチ飯を突破するカギは「テーブルで過ごす時間が少ないお店」を選ぶことですから、サービスの早いブイヨンは昼も夜もおすすめです。特に夕飯が早い日本人にはお昼12時から深夜まで営業しているブイヨンは、早めのディナーが可能ですし、早い時間のディナーなら人も少なめです。私がパリで一人旅中に「定番フレンチを食べたい！」と思ったら、ブイヨン。特に進化系のネオ・ブイヨンに行くと思います。

サービスも早く、ブラッスリーやビストロに比べ量も少なめなので、一人でも前菜からデザートまで食べられます。ウエイターさんたちがスピーディに往来していて、とても賑やかな大衆食堂の雰囲気なので、雑踏に紛れて人の目を気にせず食事ができるのでボッチ飯に適していると思います。実際にボッチ飯のパリジャンも多く見かけます。シャルティエのような老舗ブイヨンは相席になる場合もありますが、一人旅の孤独感を紛らわせてくれるので良いかもしれません。

「子連れ客」は歓迎される？

　これもよく頂く質問なのですが、子連れ客の来店を拒否することは法律で固く禁じられています。

　おフランスは子ども抜きで大人の時間を大切にする国、ベビーシッターに幼児を預けて外出をすることがタブーどころか奨励される国です。が、最近は核家族化も進み、おじいちゃん・おばあちゃんに預けることも難しくなり、子どもも一緒に外食を楽しむことが普通になってきました。そして、高齢出産も増え、お財布にも余裕のある小さな子連れの家族が増えていることもあり、レストラン業界もビジネスの意味で子連れ家族を歓迎するようになりました。

　我が家は娘が生後3ヶ月の時に初めてレストランに行きました。まだベビーカーに寝た娘を連れていくのはドキドキしましたが、ようやく「外の世界に出た」という解放感に非常にリフレッシュできたものでした。最近は日曜のブランチに「昨日生まれたんじゃないか」と思えるくらいホヤホヤの新生児を連れてくるファミリーも見かけるくらいです。

　ハイチェアに座ってお子様メニューを食べられる年齢になった時期に、ノルマンディの海辺のホテルにあるレストランに行った時のこと。エトルタの岩壁が見える絶景レストランで、きちんとアイロンがけされたテーブルクロスが敷かれたような店でした。レストランに足を踏み入れた瞬間、「あちゃー！　ちょっと背伸びしすぎたかな？」と不安になりながら店の中を見渡すと、年配のブルジョワ風の夫婦が私たちをキッと睨んでいるではないですか！「やっぱり今の若い夫婦は常識知らずね」と思われているのだろうと震え上がり、食事中も娘が騒がないかとお父ちゃんと私はハラハラしながらのディナーでしたが、親譲りの食いしん坊な娘はお子様メニューの魚のムニエルがたいそう気に入ったらしく、

始終ご機嫌で完食しました。

　我が家のデザートが運ばれてくる頃に、ご夫婦が先に食事を終えて席を立ったのでホッとすると、なんと我が家のテーブルに向かってくるではないですか！「こんな小さい子を連れてレストランに来るなんて！」と怒られると思い恐怖に身がすくみ、漫画のように唾をゴクンと飲み込みました。するとマダムは「あなたは偉いわね！　大人しくディナーを楽しめるなんて！　感心したわ」と娘を褒めに来てくれたのです。これを聞いて私もお父ちゃんも、緊張がほどけ、嬉し涙が止まりませんでした（笑）。

　今はほとんどの店にハイチェアが用意され、小さなお子様連れでも安心して入れます。ですが、やはり高い外食費を払って楽しい時間を過ごしに来ている他のお客さんの迷惑にならないように気配りをするのは当然だと思います。他のお客さんも、親がグズる子どもをあやしている様子を見れば何も言いません。基本的に美味しい匂いが漂う飲食店ではご機嫌なことが多い我が娘でしたが、やはりグズつくこともありました。そういう時はお父ちゃんと交代で外に出てあやしたり、授乳期はもちろんおっぱいをあげたりしていました。高級レストラン以外の（そもそもそんな金銭的な余裕はありませんでしたが）飲食店は、どこでも子連れで入店できますが、一応入る前にお店の雰囲気を確かめたり、予約をする際には必ず年齢を伝えていました。

　フランスのお子様ランチは日本に比べると非常にお粗末で、大体の店で出すものが共通しています。牛肉のひき肉ステーキ（ハンバーグではなくただのひき肉）やチキンナゲットにフライドポテト、デザートはアイスクリームなど、飲み物にシロップ水かジュースがついて10ユーロ程度、といったメニューが一般的。しっかり座れて、通常の食事ができる年齢であれば、お子様メニューを頼むのがマナーです。ハイチェアがあるような店には必ずお子

様メニューがありますので「親の皿から子どもに取り分けるだけ」という頼み方はしないようにしましょう。どうしてもお子様メニューが食べられない場合は、フレキシブルに対応してくれる場合もあるので店の人に相談します。

　娘が乳幼児の時はレンチンできるベビーフードを用意して、店で温めてもらっていました。店の方も皆さん慣れていて、喜んで温めたものをお皿にのせて運んでくれていました。乳幼児と外食する際は、ベビーカーで来店する旨を予約時に伝えます。ベビーカーを置けて、安全性に問題のない席を用意しなければいけないからです。

　我が家は食いしん坊一家なので、娘が小さい頃から頻繁に外食をしていました。もちろん神経は使いましたが、「子連れだから」と嫌な思いはしたことはありません。店や他のお客さんに対する配慮があれば、周りも温かい目で見守ってくれます。

シェ・ジャノ（Chez Janou）にて。ビストロは概してキッズフレンドリー

知っておきたいレストランマナー

　高級レストランでの食事で最も気になるのは「マナー」ではないかと思います。近年高級レストランが「大衆化」したとはいえ「大衆食堂になった」というわけではありませんが、「ステイタスを見せに来る場所」ではなく「純粋に美食を楽しみに来るお店」が増えたことは明らかだと思います。独創性のあるシェフたちのお店は、それぞれ雰囲気も、出される料理も異なり、カトラリーなどもいたってシンプルになっています。

　なので、一昔前の映画で見るような「これはサラダ用のフォーク、これは魚用のフォーク…」といったようにカトラリーの種類を暗記しなければいけなかったり、「礼儀作法を暗記していないと恥をかく」という店はもはや過去のもの。ですが、フランス人ならば誰でも身についている最低限のマナーというものはあります。非常に基礎的なことですが、一応おさらいをしておきます。

▶▶ 予約時間は守る

　お家に招待された時には「15分遅れて到着が礼儀」ですが、レストランは別です。きちんと予約の時間に到着し、遅れる際は電話で連絡をします。パリで人気のレストランやビストロは必ず予約を！

▶▶ レディファーストが鉄則

「ミートゥー運動」で男女平等な社会を目指し、色々な変化が起きているおフランスですが、レディファースト（フランス語ではgalanterie ギャラントリー）はエチケット、常識として残っています。入店する際は、ドアマンがいない場合はドアを開け、女性を先に通します。昔は「店内に危険な人物がいないかチェックをするた

めに」男性が先に入店するのがエチケットだったそうですが（お店に愛人がいないかチェックするためだったという説の方が納得がいく気がします）、今は女性を先に通すのが一般的なエチケットです。レストランに限らず、後ろの人のために扉を押さえておくこと、自分のためにドアを押さえてくれていた人に「メルシー」と言うのはおフランスでは常識です。

　席に通されたら、必ず奥の席は女性に譲ります。大体店の奥の席はソファ席になっていますので、快適でバッグや上着を置きやすいソファ席は女性に（ソファ席でない場合は見晴らしが良い席や通路から離れている快適な席を）譲ります。

　もう一つ日本の皆様に気をつけて頂きたいのが、女性が男性に「お酌をする」という習慣。今はもう廃れているかもしれませんが、昭和生まれの私たちの世代では自然と同席している男性のグラスにワインを注ぐ女性が多いかもしれません。フランスでは女性がお酌をすると止められます（笑）。フランスではお家に呼ばれたら、その家の主（男性でも女性でも）が、ゲストのグラスが空になっていないかチェックし飲み物を注ぎます。高級レストランではテーブルのサービス係が水もワインも注ぎに来てくれます。カジュアルな店でも、男性が同席している場合はお酌は男性の仕事です。

　もう一つの注意点は、日本酒のお酌のようにグラスを持ち上げないこと！　私もついつい「どうもどうも」と会釈しながらグラスを持ち上げてしまうのですが、グラスはテーブルから持ち上げず、注いでもらったら「メルシー」とお礼を言います。

▶▶ 店員さんとのアイコンタクトを忘れない

　飲食店で注文をする際は、必ず店員さんの目を見ます。日本ではじっと目を見ることを避けがちですが、フランスでは相手の目を見ずに話すことは「育ちが悪い」「礼儀知らず」とされ、小さい頃から「目を見てメルシーでしょ！」と教育されます。カタコト

のフランス語でも英語でも、スマホの翻訳アプリを使いながらでも笑顔を絶やさず、相手の目を見て「シル・ヴ・プレ」か「メルシー」を最後につければ、気持ちの良いサービスを受けられます。

　従業員に対して横柄で無礼な態度をとることは「エレガントではない」とみなされます。フォークやナイフを間違って使うよりも、ナプキンを膝に置くのを忘れることよりも、最も恥ずかしいマナー違反とされます。人間同士、リスペクトしながら気持ちよく働き、気持ちよくそのサービスを享受する。高級レストランでもやっぱり「お客様は神様」ではないのです。

▶▶ 声のボリュームに気をつける

「個性重視」でカオスなお国柄ですが、フランス人は「音量」には非常に神経質です。街中でも大声で笑ったり話している人がいると、とっさに「キッ！」という視線が飛んできます。よくバスやメトロの中で注意されている外国人観光客も見かけますし、私自身日本人同士、またはフランス人とミックスで食事をした際に何度か店の人や、一緒にいたフランス人に注意されました。おそらくお酒に弱い我々アジア人は飲んでいるうちに声が大きくなるのが当たり前のことのようになっているためか、盛り上がってくるとコントロールが効かなくなりがちです。自分もお酒に弱いので、声の大きさの加減にはとても敏感になりました。ほとんどのフランス人は雰囲気に合わせて、自然にデシベル量を調整する能力を備えています。これが非常に面白いなと思うのですが、ガヤガヤしたお店でも「飛び抜けてうるさい人」はおらず、雰囲気の良いシックなお店でも、ちゃんと会話を楽しんでいるし、笑っているのに「聞こえない」「邪魔にならない」のです。活気溢れるブラッスリー、ビストロ、カフェ、大衆食堂では隣のお客さんと会話を交わすようなこともありますが、間接照明で、席の間隔が広く、雰囲気の良いレストランでは声も間接照明にすることを

お忘れなく。

日本の飲食店にあってフランスにないもの

▶▶ おしぼりとお冷

　日本ではどこの飲食店に入っても、まずはおしぼりが出されますが、フランスにはこの習慣はありません。おしぼりが出てくるのは、星がついているような高級レストランくらいです。余談ですが、フランス人はあまり手を拭きません。テーブルナプキンはありますが、それは汚れをそっと拭うものです。コロナでようやく「バイキンとウイルス」の存在に気づきはしたものの、未だに手を洗わずに化粧室を出る女性に遭遇します（笑）。手を洗っても拭かない人が多く、ハンカチやタオルを携帯しているフランス人はいません。コロナ以降に定着した「手の消毒」も、日本の皆さんは「消毒シート」で手を拭きますが、フランス人はジェルやアルコールで消毒をします。

　もう一つの習慣の違い「お冷」ですが、おフランスでは店に入って席に着くと同時に水が出てくるということはありません。オーダーをする時に「飲み物は？」と聞かれたら「カラフの水で結構です」といえば、水道水を入れた水差し、Carafe d'eau（キャラフ・ドー）をくれます。レストランやビストロで食事をする際に、Qu'est-ce que vous voulez boire ?（ケスク・ヴ・ヴレ・ボワー？／飲み物はいかがなさいますか？）と聞かれますが、特に飲みたいものがない場合は、Une carafe d'eau, s'il vous plaît.（ユン・キャラフ・ドー、シル・ヴ・プレ）と言えば水道水を無料で持ってきてくれます。最近は濾過した水をカラフに入れて冷やしたり、炭酸水にしたもの（我が家も家庭用の炭酸水メーカーを使用）をミネラルウ

2章　パリで食べる・飲む

175

ォーターよりも安価で提供し「おかわり自由」の制度を取り入れている店もあります。

　日本では「お冷」はその名の通り冷えていますが、おフランスの水は常温がスタンダードです。気の利いた店は無料のカラフも冷やしていたりしますが、基本的に水は常温です。そもそも「氷水」が出てくることはありません。氷はペリエなどの炭酸水、コーラやオランジーナなどのソーダ類を頼むとグラスに入って出てきますが、普通に無料の水道水に「氷をください」と言うと嫌な顔をされますし、断る店もあります。日本では「冷たいものはきちんと冷たく、熱いものは熱い」のですが、フランスでは温度も中途半端なことが多く、イライラすることもしばしばあります(笑)。冷たすぎる飲み物は体にも良くないので、常温のお冷は受け入れて慣れましたが、熱いはずのものがぬるいのだけは許せず、よくカフェでも「ぬるい！」と作り直してもらっています。行きつけのカフェでは「はい、火傷するくらい熱いココアだぜ」とちゃんとホットなココアを出してくれます。

フランスの飲食店にあって日本にないもの

▶▶ 食べ放題のパン

　おフランスの飲食店には、イタリアのような「コペルト」というテーブルチャージ料金、席料はありません。料金には水道水とパン、塩・胡椒・ケチャップ・マスタードなどの調味料がついてきますし、パンはおかわりし放題です。どんな料理を頼んでもパンをもらうことができます。

　食欲旺盛な友人とカフェで食事をした時のこと。彼はパンにハム・チーズ・ベシャメルソースが挟まれてさらにチーズがのってこんがり焼けたクロック・ムッシュを注文したのですが、お皿が

運ばれてくると「パンをください！」と言うではないですか。「もうパンあるじゃん！」と言うと、「食事中にテーブルにパンがないと落ち着かないんだ」と、クロック・ムッシュに添えられたサラダを、小さくちぎったパンとフォークですくいながら食べていました。彼は「ハンバーガーでもパンを頼む」そうです。

　フランス人にとってのパンは、日本人にとってのご飯と同じです。食事中に出されるバゲットパンは、朝ごはんに出てくる「タルティーヌ」と呼ばれるバゲットとは違い、小さく切られてカゴに入って出てきます。このパンはバターを塗って食べるものではなく、ソーセ（saucer）と言って、料理のソースを拭って食べる用です。高級店でもビストロでも、もちろん手でちぎって頂きます。高級店の場合は食事の最初にバターと一緒に出されますが、あまりにもパンとバターが美味しすぎて食べすぎてしまい、前菜でお腹いっぱいになってしまうこともよくあります。

　上流階級のエチケットでは、「ソーセするのははしたない」と21世紀の現在でも頑なに控えられているそうですが、三つ星シェフにしてみれば、ソースこそが腕の見せどころですので、それを最後まで味わってくれたと喜ぶわけです。お行儀を守るか、美味しかったですとシェフへメッセージを送るかは個人の自由。もちろん私は後者ですが。

▶▶ テーブル会計

　日本のフレンチレストランでも一部あると思いますが、フランスのカフェやレストランは、ほとんどの店でテーブルで会計をします。ウエイターやウエイトレスには、それぞれ担当テーブルがあり、オーダーから会計まで同じ人が担当します。担当者以外の人に声をかけると「担当者に言ってくれ！」と返されます。ちなみに21世紀のパリでは「ギャルソン！」と声をかけることはありません。「シル・ヴ・プレ！」や「ムッシュー！（もしくはマダ

ム！）」と言います。食事がすんだら、L'addition, s'il vous plaît . （ラディション、シル・ヴ・プレ）と頼んでテーブルまでレシートを持ってきてもらいます。私は食事の後は必ずコーヒーを飲むので、コーヒーを持ってきてもらった時点で頼みます。

　カフェのテラスなどでは、だいたいコーヒーが運ばれた時に同時にレシートがのった小さなお皿を置いていかれます。基本的に会計は去り際に頼みますが、カフェのテラスでコーヒーを飲んで会計をしたいけどウエイターが忙しそうでつかまらない、頼んでもなかなか持ってきてくれない、または店内から出てこないといった事態がよく発生します。そういう場合は、きっちり小銭がある時は小皿に会計を残して去っていっても良いのですが、私はウエイターに「お金置いてったからね！」と合図をして出ていきます。小銭がなく急いでいる場合は、レシートを持って店内で直接会計をするのもありです。その際はどこの席に座っていたかを「あそこにいたよ！」と指差して伝えます。

　このテーブル会計はタイミングがなかなか難しく、私も慣れるまでに随分時間がかかりました。座って、注文して、会計までコミュニケーションが多かったり、注文や会計をしに来てもらうまで時間がかかったり。私は20年以上こちらで暮らしていても、せっかちが抜けきっておらず、「ゆったりパリ時間を楽しみましょう」とスローライフの啓蒙活動をしつつも正直イライラすることは日常茶飯事です（笑）。なので、おフランスのカフェやレストランは、なるべく時間に余裕がある時に利用しています。

▶▶ 私物を置いての席取り

　席を確保しようとして、スマホをテーブルに置いたり、バッグを椅子に置いたりなどしようものなら、数秒でなくなる、もしくは「爆発物かもしれない」と疑われます（笑）。普通のカフェを除いて、飲食店では基本的に「ボンジュール」と挨拶をして、何

名かを知らせた後に、席に案内されるのを待ちます。雰囲気の良いお店は「係の案内をお待ちください」と書かれていますし、カフェだけではなく、商店でもなるべく店の人に存在を気づいてもらうようにします。ただ夏のテラス席は早い者勝ちで、お天気の良い日にテラスの席から立とうとすると、サッと真横にくっつき、席を立った瞬間に座ってくるというパリジェンヌもいます。まさに「椅子取りゲーム」。おフランスの皆さんはカフェのテラスで少しでも日焼けをしようと必死だからです。

　余談ですが、シャンゼリゼ界隈の高級ブランドが並ぶモンテーニュ通りのセレブなカフェでは、テラス席や窓際の席は「白人で若くて綺麗でお金持ちの人」を座らせるというルールがあったと、従業員の密告でメディアに暴露され話題になりました。カフェやレストランでReservé（予約済み）と書かれた札が置いてあったり、ランチやディナータイムのためのテーブルセッティングがされていたりするわけでもないのに「あの席に座りたい」と言っても「ダメ」と言われたら、そそくさと店を変えてください。そんなカフェには一銭も落としていく必要はありません。

　最後に、食事時間についての注意点ですが、フランス人のディナータイムは遅めです。特に外食は20〜21時が最も混む時間帯。18時台にオープンしている店は、ノンストップ営業のブイヨンやブラッスリー以外は珍しく、19時オープンの店がほとんど。

　ちなみにおやつは、日本では15時ですが、フランスでは「Quatre heure キャトルール（16時）」と1時間遅くなります。

カフェ定番のドリンク
メニューリスト *Liste standard des boissons au café*

各ドリンクのオーダーの仕方をカッコ内に記載しました。
「アン」は「一つ」。「シル・ヴ・プレ」は英語の「プリーズ」。
何かを頼む時には必ず語尾につける習慣をつけると良いです。

Boissons chaudes（温かい飲み物）

エスプレッソには水道水が1杯ついてきます

● Café (expresso)
「アン・カフェ・シル・ヴ・プレ」
　エスプレッソはカフェに置いてある最も安い飲み物。ほとんどのお店で常温の水がコップ1杯ついてきます。個人的にはフランスのエスプレッソはあまり好きではないので、砂糖を入れてしまいます。私は主にデザートを頼まない時に、砂糖入りエスプレッソで我慢します。

● Double expresso 「アン・ドゥーブル・エスプレッソ」
　ダブル・エスプレッソ。お値段も倍。眠い朝の定番。

● Noisette 「アン・ノワゼット」
「ヘーゼルナッツ」という意味で、日本では「マッキャート」の名で知られていますが、ミルクを数滴垂らしただけのお店やミルクが別に添えられたり、ミルクの泡をのせるお店も。朝はこれをカウンターでクイッと。

●Café allongé「アン・アロンジェ」

「アメリカンコーヒー」と呼ばれる場合も。フィルターで淹れた本物のアメリカンではなく、エスプレッソのお湯割り。ブラックで飲みたい時はこれです。デザート後の定番。

●Décaféiné「アン・デカ」

カフェイン抜きエスプレッソ。通称「アン・デカ」。デザートを食べたディナーの後は、こちらのお湯割りバージョン「アン・デカ・アロンジェ」にしています。

●Café crème「アン・クレーム」 もしくは「アン・カフェ・オ・レ」

カフェオレはクレームと呼びます

日本では「カフェオレ」で親しまれる「おフランスのコーヒー牛乳」。昔ながらの良心的な地域密着型カフェには「プティ・クレーム」というものがあります。普通のカフェオレよりも小さめの、アロンジェと同じサイズのカップに入ってきます。値段も安め。その存在さえ知らないウエイターさんもいるくらい今では珍しいのですが。イタリア人にとってのカプチーノと同じで、ミルク入りコーヒーを食後に飲むフランス人はまずいません。午前中か、百歩譲って午後のおやつの時間に飲みます。

●Cappuccino「アン・カプチーノ」

お店によって作り方がまちまち。大量の泡ミルクの上に砂糖入りインスタントココアをふりかけてイタリア語にしただけでカフェ・クレームよりも割高で出すお店が多いので、カプチーノはイタリアで飲むことにしています。

●Chocolat chaud / Chocolat viennois /
　Chocolat à l'ancienne「アン・ショコラ・ショ」

　ホットココアのこと。「ア・ランシエンヌ」(昔風の)は液体状のチョコレートを、ミルクで割ったもの(アンジェリーナでは隠し味にカスタードクリーム入り)。チョコレートがフランスにもたらされたのは17世紀のことですが、19世紀の産業革命で固形化されるまで「ショコラ」とは食べるものではなく飲むものでした。ドロッとしたチョコレートを撹拌(かくはん)する棒がついた優雅な「ショコラ用のポット」は宮廷やブルジョワの朝ごはんに欠かせないテーブルウエアでした。ルーヴルにはブルジョワの朝ごはんの様子を描いたブーシェの作品や、マリー・アントワネットのショコラ用ポットが展示されています。普通のカフェでは、砂糖入りのインスタントココアをミルクで割っただけ。「ヴィエノワーズ」(ウィーン風)はホイップクリームのせ。

ココアの粉を入れただけのショコラショ

●Lait chaud「アン・レ・ショ」

　温かいミルク。

●Thé／Thé noir(黒いお茶=紅茶)、
　Thé vert (緑のお茶)「アン・テ・ノワール／アン・テ・ヴェール」

　「緑のお茶」といっても日本の緑茶ではありません。日本のお茶もブームで、Sencha (煎茶／センシャと読まれる)やGenmaicha (玄米茶／ジェンマイシャと読まれる) などを置くおしゃれなサロン・ド・テもありますが、カフェではあまりお目にかかりません。値段はコーヒーの2倍近く。たまに「今日は何時間も粘る!」と決めた時は量が多い紅茶を頼むこともあります。

● Infusion「ユン・アンフュージョン」

　ハーブティ。カフェインレスの温かい飲み物といえばこれです。代表的なものにCamomille（カモミール）や、Verveine（ヴェルヴェーヌ＝バーベナ）があります。Pisse-mémé（おばあちゃんにオシッコさせる飲み物）というニックネームもあるように一昔前はおばあちゃんの飲み物というイメージでしたが、最近の健康志向のパリでは頼む人も増えたのか、年々チョイスが増えている気がします。カフェインレスの飲み物として、私の目の黒いうちに麦茶が現れないだろうかと期待しています。

最近種類が増えてきたハーブティ色々

Boissons fraîches（冷たい飲み物）または *Softs*（ソフトドリンク）

● Coca-Cola, Coca-Cola Zéro「アン・コカ」

　フランス人は意外とコーラが好きで、コーラを置いていないカフェはありません。暑い日に爽やかなものを飲みたい場合は、いつもシュガーフリーのコーラを頼んでしまいます。

● Orangina「アン・オランジーナ」

　我が家では娘にソーダ類は飲ませないようにしていますが、外出の際は特別にオランジーナは飲んで良いことにしています。オランジーナではなくファンタを置く愛国心に欠けたカフェもありますが、非常に稀です。

● Limonade「ユン・リモナード」

　リモナードはレモネードというよりも、いわゆるサイダーのこと。これにシロップを入れるとDiabolo（ディアボロ）という飲み物になり、子どもに大人気の夏の定番。Cidre（シードル）はりんごの発泡酒です。

子どもが大好き夏の定番。
ディアボロ・マント

● Ice-tea「アン・アイスティー」

　アイスティーは日本のような本物の「冷たい紅茶」ではなく、人工的なピーチ味の激甘アイスティー。サッパリしたものが飲みたいという方にはおすすめしません。最近はおしゃれなカフェではオリジナル・アイスティーなるものを出しますが、普通のカフェにはアイスコーヒーもアイスティーもありません。これが、私が唯一スタバを利用する理由です。

● Jus de fruits「アン・ジュ・ド・フリュイ」

　フルーツジュース。オレンジ「アン・ジュ・ドランジュ」やりんご「アン・ジュ・ド・ポム」、日本では珍しいトロッとしたアプリコットジュース「アン・ジュ・ダブリコ」、パイナップル・ジュース「アン・ジュ・ダナナス」などもポピュラーです。少しお高めですが、Orange pressée「ユン・オランジュ・プレッセ」またはCitron pressé「アン・シトロン・プレッセ」は、搾りたてのオレンジやレモンの果汁に砂糖を入れて水で割って飲むものです。たまに素敵なパリジェンヌマダムのマネをしてレモンの搾り汁を頼みますが、砂糖を大量に入れないと酸っぱくて飲めないのでヘルシーかどうかは疑問です。おフランスにはガムシロップというものがないので、普通の砂糖をレモンの酸で溶かします。

●Eau minérale「ドゥ・ロー・ミネラル」

　ミネラル・ウォーター。VittelかEvianがポピュラー。ソーダと同じ値段です。定食屋さんで麦茶が無料で出てくる国からやってくると、「味もないミネラルウォーターに700円かあ…」と思ってしまうので、私はカフェで頼むことはまずありません。

●PerrierまたはBadoit（なぜかペリエは男性名詞で
　「アン・ペリエ」、バドワは女性名詞で「ユン・バドワ」）

　スパークリングウォーター。アメリカでは「コーラかペプシか」ですが、おフランスでは「ペリエかバドワか」で分かれ、ペリエの方が一般的です。

　Un Perrier rondelle, s'il vous plaît.「アン・ペリエ・ロンデル、シル・ヴ・プレ／スライスしたレモン入りのペリエをください」とオーダーすれば、これであなたもパリジェンヌです。ミネラルウォーターもそうですが、味のない飲み物に大金を払う優雅さは私にはありません。私の周りのフランス人も「シックなレストラン以外で水にお金を出すのはブルジョワ!」という意見が大半です。

●Sirop à l'eau「アン・シロ・ア・ロー」

　子どもたちの定番ドリンクがこの「シロップ水」です。親切なカフェだと、水道水で割ったシロップを出してくれるので子どもの席料がお安くすむのですが、パリのカフェはだいたいミネラルウォーターで出てくるので、エスプレッソを頼んだ大人よりも高くつきます。ちなみに小さな子どもには何も頼まないこともあります。「アン・ヴェール・ドー」と言えば、水道水をコップに入れて持ってきてくれます。シロップで最も一般的なフレーバー（信号の3色）はGrenadine（グルナディン／赤いフルーツのシロップ）「ユン・グルナディン」、Citron（シトロン／レモン味シロップ）はレモンの輪切りと混同しないために「アン・シロ・ド・シトロン」、

Menthe（モント／ミント味）「ユン・マンタロー」です。これをペリエ割りにする場合は「アン・ペリエ・グルナディン」「アン・ペリエ・シロ・ド・シトロン」「アン・ペリエ・モント」です。

alcool（アルコール）

●Un demi「アン・ドゥミ」

　生ビールのハーフサイズ（250㎖。半分の）、という意味で、Un（アン）は皆さんもご存知の通り男性名詞の前につく「一つの」ですが、なぜか500㎖の生ビールは、Une pression（ユン・プレッション）、またはUne pinte（ユン・パントゥ）となり、女性名詞になります。ちなみにアメリカやイギリスの「pint（パイント）」もほぼ同量ですが、お隣のビールの国ベルギーでは「パント」は250㎖、「ドゥミ」は500㎖なのだとか。おフランス製ビールの代表は「1664」ですが、最初の16だけ発音して「セーズ」と呼ばれるので「ユン・セーズ・シル・ヴ・プレ」とオーダーします。

　そして、フランスではシロップを入れて甘くしたビールがアペリティフに人気。なぜかメニューには載っていないことが多いのですが、ビールがあれば作ってくれます。

- ●Monaco（モナコ／生ビール＋グルナディンシロップ＋サイダー）
- ●Panaché（パナシェ／生ビール＋サイダー）
- ●Twiste（トゥイスト／生ビール＋レモンシロップ）
- ●Picon（ピコン／生ビール＋オレンジリキュール。アルコール度18％）

モナコ

3 章

パリで
買う

Acheter à Paris

Sélection de souvenirs

Ryokoおすすめの
お土産セレクション

バター
Beurre

「ボルディエ」がイチオシ。高級食材店やチーズ屋さんで

チーズ
Fromage

コーランクール通りのシェ・ヴィルジニー（Chez Virginie）

ワインと並ぶおフランスのシンボル。ぜひお土産に

188

チョコレート
Chocolat

フランス人はチョコが大好き！
パトリック・ロジェは本命に

マリー・アントワネットのチョコレート。ドゥボーヴ・エ・ギャレ（Debauve & Gallais）

フランス製ではないが子ども喜ぶキンダーチョコ

ヨーロッパ中のセレブに愛されてきた銘菓、メールのゴーフル

ゴーフル
Gaufre

不思議な食感でやみつきに。6個入りはお土産にピッタリ

3章 パリで買う

Sélection de souvenirs

バター 焼き菓子
Petit Beurre

ボルディエ・バターを使った焼き菓子、プチ・ブール

ジャム
Confiture

おフランスのジャムの種類は圧巻。おすすめはラ・シャンブル・オ・コンフィチュール

紅茶＆ハーブティ
Thé et Tisane

パリの名だたるサロン・ド・テで
使われるパレ・デ・テの紅茶

ちょっと変わり種のお土産
に。薬草のハーブティ

症状を伝えると処方
してくれるモンマル
トルの薬草屋さん

3章 パリで買う

191

Sélection de souvenirs

コスメ
Produits de beauté

パリジェンヌに人気のオーガニックコスメ、アヴリル

ラ・ロゼの万能クリームを愛用中。お土産に喜ばれます

小物
Accessoires

7ユーロの人気ブレスレットもお土産にピッタリ

大人気のメルシーのトートバッグ。カラフルでおしゃれ

192

パリのお土産おすすめセレクション

　日本のお土産文化というのは、なかなか頭を抱える問題です。自発的に「あ、あの人にはこれを買ってあげたい」というお土産はともかく「ばら撒き土産」や「会社で同僚に頭を下げながら渡すお土産」には皆様悩んでいるようで、以前からよく相談を受けていました。私自身、日本に帰国する際は仕事場の同僚に配るというものはないにしても、「あの人にも会うし、この人にも会うし…」とリストアップしてみるとかなりの量になってしまいます。大切な人に贈りたいものといっても大切な人にしか会わないので、高級品ばかりを買っていたら破産してしまいます（笑）。「パリのお土産」という動画も作りましたが、その中でもご紹介している、私が実際に買っていくものをここではご紹介したいと思います。

▶▶ Beurre（バター）

　フランスで本当に美味しいと思うものは、ズバリ乳製品です。中でもバターは、日本に持ち帰ると一番喜ばれます。動画やインスタでもおすすめしているボルディエ（Bordier）のバターは、「最近は味が落ちた」という通もいますが、私はやはり別格に美味しいと思いますし、デパ地下でも手に入るのでおすすめです。ただ賞味期限が短いので、小さいサイズのものを何個か買って、日本では冷凍保存をおすすめしています。

　日本でも有名なエシレ（Echiré）も、日本では高級なだけに喜ばれます。モノプリでも売っています。デパ地下のバター売り場に売られているBeurre cru（生乳バター）は、どれも甲乙つけ難い美味しさだと思うので、知られていないメーカーのものでも十分レベルが高いと思います。デパ地下やチーズ屋さんで購入される場合は「Sous-vide, s'il vous plaît.」（ス・ヴィッド、シル・ヴ・プレ／真空パックにしてください）とお願いし、帰国まで冷蔵保存

してください。バターは言うまでもなく夏は溶けてしまうので秋から春限定の貴重なお土産です（**写真P188**）。

▶▶ Fromage（チーズ）

おフランスといえば、ワインと並ぶシンボルがチーズです。MOF（フランス国家最優秀職人章）の勲章を受けたチーズ屋さんのものは、それまでのチーズの概念が変わってしまうほどの味ですが、なかなかの値段です。デパ地下のチーズもクオリティは高いので、チーズ屋さんは入りにくいと感じる方は、食品類は全てデパ地下ですませるのが貴重な時間を有効に使えて良いと思います。規模の大きなモノプリにはチーズ屋さんのコーナーもあり、切り売りしてくれます。チーズもバターと同じように、Sous-vide, s'il vous plaît.（ス・ヴィッド、シル・ヴ・プレ）とお願いします（**写真P188**）。

▶▶ Chocolat（チョコレート）

フランス人はチョコレートが大好きです。「ちょっとしたギフト」といえばチョコレートを贈る習慣があります。チョコレートについての動画も作りましたが、フランスのチョコレートは生産地やカカオの含有量別になっていて、ワインを味わうように香りを堪能する高級チョコレートの味わいは、確かに電撃が走るような、これもまた「チョコレートの概念を覆すもの」だと思います。MOFの称号を持つパトリック・ロジェ（Patrick Roger）氏のチョコレートは芸術の域ですがこれは本当に値段の張る「本命チョコ」です。

アラン・デュカス（Alain Ducasse）氏のチョコレート専門店は、パリのおしゃれな商店街には必ず店舗があり、「パティシエ界のピカソ」と誉れの高いピエール・エルメ（Pierre Hermé）氏もつい先日チョコレート専門店をオープンしました。

チョコレートで有名な隣国のベルギーやスイスでは、甘めのミルクチョコレートが主流なのに対して、おフランスでは「大人のブラック」が主流ですが、「プラリネ」などナッツのガナッシュをコーティングしたものは「ブラックが苦手」という方にもおすすめです。チョコレートは冷蔵庫に入れてはいけないので、バターと同じように秋〜春限定のお土産です（**写真**P189）。

▶▶ Gaufre（ゴーフル）

高級なスイーツといえばチョコレートなのですが、もう一つ私が個人的に「プレゼント用スイーツ」として気に入っているのがフランスの北部にあるリールという町の名物スイーツ、メール（Méert）のゴーフル。1849年に販売されてからヨーロッパ中のセレブたちに愛されてきた銘菓です。口当たりが「ワッフル」「ゴーフル」と聞いて想像するものと全く違うので、皆様驚かれるのですが「一度食べたらやめられない」と大量に買っていかれます（笑）（**写真**P189）。

▶▶ Petit Beurre（バター焼き菓子）

スーパーで買えるばら撒き土産の代表の一つが、ボンヌ・ママン（Bonne Maman）のマドレーヌですが、おすすめする理由はなんといっても「個包装されているから」です。また他に、個包装はされていませんが同じボンヌ・ママンのキャトル・キャール（Quatre-quarts）は、バター・卵・小麦粉・砂糖をそれぞれ同量入れて焼いたパウンドケーキのことですが、丸ごと売っているので食欲旺盛な子どもがいる家庭に持っていくと喜ばれるお菓子です。ボンヌ・ママンのタルトレットなども個包装になっているので、会社に持っていくお土産の定番のようです。私もグループで会う友人たちには何種類か買っていき、その場で分配しています。

色々なお菓子がありますが、結局はシンプルな味のものが喜ばれることがわかったので、マドレーヌやキャトル・キャールの他にはシンプルにバターの味を楽しむビスケットを買っていきます。モノプリなどのスーパーで買う場合は先述のボンヌ・ママンのプティ・ブールにしています。個別包装ではありませんが、1個食べ始めると止まらないですし、値段も安いので一人またはひと家庭に1袋買っていきます。

少し高級版のプティ・ブールが先述のボルディエ・バターを使ったプティ・ブールです。これは動画でも何度かご紹介しているラ・メゾン・プリッソン（La Maison Plisson）のような路面店のこだわりエピスリー、または「お土産に困った時の駆け込み寺・食品編」、ボン・マルシェのラ・グランド・エピスリー・ドゥ・パリ（La Grande Épicerie de Paris）で買うことができます（**写真P190**）。

▶▶ Confiture（ジャム）

おフランスの朝食に欠かせないジャム。スーパーやデパ地下、高級食料品店に行くとその種類の豊富さは圧巻です。「ジャムの妖精」と呼ばれるストラスブールのクリスティン・フェルベール（Christine Ferber）のジャムは日本でも売られているそうですが、瓶もかわいらしいので喜ばれます。個人的にはパリ市内に路面店も多いラ・シャンブル・オ・コンフィチュール（La Chambre aux confitures）は種類も豊富で仰天するような甘さではないので気に入っています。ジャムは瓶なので重いですから、私はどうせなら高級食料品店やデパ地下で売られる高級ジャムをおすすめします（**写真P190**）。

▶▶ Soupe instantanée（即席スープ）

軽くて喜ばれるのが、スーパーで売っている即席スープの素で

す。お湯を注ぐだけで飲めるタイプのものですが、日本では朝ご
はんにスープという方も多いので意外と人気です。日本にはない
味のものが多く、クノール（Knorr）のアスパラガス味とマッシ
ュルーム味は帰国の度に買っていきます。

▶▶ Café（コーヒー）・ Thé（紅茶）・ Tisane（ハーブティ）

　コーヒーは、ブリュルリー（Brûlerie）と呼ばれるコーヒー専門
店が、おしゃれな商店街には必ずと言って良いほどあります。カ
フェ・リシャール（Café Richard）のような有名店や、サントノー
レ通りのカフェ・ヴェルレ（Café Verle）のような老舗もあります。
でも私はモノプリ・グルメのコーヒーでも十分美味しいと思いま
すし、日本でもとても喜ばれます。紅茶はマリアージュ・フレー
ル（Mariage Frères）や、ダマン・フレール（Dammann Frères）と
いった高級店のものがやはり喜ばれます。個人的には現在パリの
星付きレストランや高級サロン・ド・テで使われているパレ・デ・
テ（Palais des thés）の紅茶が好きなので、紅茶好きにはこちらを
購入していきます。デパ地下でも購入できますが、路面店に行く
とお店の紙袋がもれなくついてくるので同じ値段なら本店・路面
店でと決めています（**写真P191**）。
　ちょっと変わり種のお土産としておすすめしたいのが、薬草で
す。モンマルトルにある老舗のエルボリストリー・ド・プラス・
ド・クリシー（Herboristerie de la Place de Clichy ／87 Rue d'Amsterdam
75008 Paris）はハーブティ（ティザンヌ）の店というよりも「薬局」
に近い店で、効能別にすでにブレンドされたハーブティもあれば、
症状を伝えて特別にブレンドしてもらうこともできます。
　フランスでは中世から修道院で薬草が栽培され、れっきとした
薬として（時には毒として）使われてきました。今でも日常の軽い
体調不良の治療によく使われています。私は特に自然医療にこだ
わっているわけではないのですが、フィトテラピー（Phytothérapie

／植物療法）でもペパーミントの精油は軽い頭痛止め用として常に携帯、膀胱炎予防にもなるさくらんぼのハーブティを愛飲しています（**写真P191**）。

▶▶ Produits de beauté（コスメ）

コスメ類は、私は「パリのマツキヨ」と言えるシティ・ファーマ（Citypharma）で一気に買いだめします（笑）。自然派のマルセイユ石鹸、パリジェンヌに人気のオーガニックのコスメ、話題の高級アンチエイジングクリームまで何でも揃い、免税もできるので便利です。お土産にはパニエ・デ・サンス（Panier des sens）のハンドクリーム、ラ・ロゼ（La Rosée）やアヴリル（Avril）のリップクリーム、薬局コスメの大人気商品ラ・ロッシュ・ポゼ（La Roche Posey）のシカプラスト・リペアクリーム、パリジェンヌが夏に必ずつけるニュクス（Nuxe）の万能オイルなどを買います（**写真P192**）。

▶▶ Sac réutilisable（エコバッグ）

エコバッグは軽くて喜ばれるパリ土産の代表。中でもモノプリ（Monoprix）のものは定期的に柄もリニューアルされるので、かわいい柄が出るとついつい買ってしまいます。少し高級ですが、人気のセレクトショップ、メルシー（Merci）の布製トートは色によってはすぐに完売してしまうほどの人気商品ですが、おしゃれでフランス通の方には間違いなく喜ばれます（**写真P192**）。

▶▶ Porte-clés（キーホルダー）

「ザ・パリ土産」といえばエッフェル塔のキーホルダーですが、ちょっとしたお土産には間違いなく喜ばれます。マカロンやバレ

リーナがおまけについたおしゃれバージョンのものも、若い女の子にはとても喜ばれます。文具や小物はおしゃれなお店に行くと日本製のものが多いので、日本では見つからないキーホルダーにしています。街中にあるキオスクにも売っていますが「お土産に困った人の駆け込み寺」ギャラリー・ラファイエットのパリ土産フロアや、オペラ座大通りの文具・書店、ブレンタノス（Brentanos）は種類も豊富で重宝しています。

パリ流の暮らしを楽しむ「スーパー」事情

パリを訪れる際に「現地の人の暮らしぶりを知りたい」という方が増えています。主要観光スポットはだいたい回ったし、次こそは「暮らすようにパリを楽しみたい」というリピーターが増えていたり、SNSなどを通して目にする機会が多くなったパリ流の暮らし方に憧れを抱いている方も多いようです。

パリ流の暮らしを体験するためには、パリジャンが住んでいるエリアに最低でも1週間ほど滞在し、ぎっちりスケジュールを詰めるのではなく、ゆっくりカフェのテラスに座る時間を楽しんだり、小さな美術館に足を運んでみたり、近所の商店街をブラブラ歩きしたり、公園で一休みしたり…。「パリ流の暮らしを楽しむ」ということは「パリの時間の流れに身を委ねること」だと思うのですが、「現地の人のリアルな生活感を味わいたい」なら、やはりスーパーやマルシェで買い物をしてみる、これが一番です。

私が日本に久しぶりに帰国して真っ先に行きたい場所は「スーパーと温泉」です。スーパーに行けば「塩鮭があるー！　明太子があるー！　お豆腐の種類がこんなにあるー！」と大興奮。夕方のタイムセールの惣菜を見ると、愛国心と望郷の念がマグマのように溢れ出てきて「あー日本に帰ってきた…」と涙ぐみながら全てをカゴに入れたくなります。揚げ物の油の匂いや、賑やかな店内のアナウンス、昔ながらのお菓子のパッケージなど、スーパー

という空間が私を包み込んで「おかえり」と言ってくれているように感じます。

　そしてヨーロッパの他国を訪れる際の楽しみもスーパーに行くこと！　もちろん写真映えするような名物の市場も訪れますが、なんといっても現地の人たちが普段買い出しに行くスーパーでは、その土地の方々の冷蔵庫の中身を見ているような気になれますし、パリの物価と比べたり、どこの売り場が充実しているかなどから食習慣を学べるのでとてもワクワクします。

　ただ、知らない国を訪れる際はどうしても町の中心部のスーパーを利用することになるので、「このスーパーは観光客しか来ないのかな？」と自問することがよくあります。現地の人々が利用するようなスーパーは？　それぞれの特徴は？　といった、私自身が他の国のスーパーを利用する際に知りたいと思うことを紹介したいと思います。

パリのスーパーあれこれ

　パリ市内で見かけるスーパーはざっとこんなラインナップです。

▶▶ パリ中心部にあるスーパー

　都会っ子に愛されるおしゃれスーパー、モノプリ（Monoprix）。モノプリと同じグループの小型スーパーでパリ市内に最も店舗数が多いフランプリ（Franprix）、カルフール・マーケット（Carrefour Market）があります。営業時間は9時頃〜22時頃まで。カルフールはハイパーマーケットが有名ですが、街中にあるカルフールは「マーケット」がつきます。店舗数は上の2店に比べると少なめ。

▶▶ パリの中心部や住宅街にあるオーガニック・スーパー

ナチュラリア（Naturalia ／モノプリのオーガニック版）、ビオコープ（Biocoop）、ビオセボン（Bio c'est bon）、ラ・ヴィ・クレール（La Vie Claire）です。営業時間は9時頃〜20時頃まで。前述のスーパーよりも早めに閉店することが多いです。

▶▶ 最近パリ市内にも登場してきた ディスカウント・スーパー

リドル（Lidl）、アルディ（Aldi）ですが、オリジナルのディスカウント商品がほとんど。人件費削減のため、商品の陳列の手間を省き、商品が段ボールのまま置かれている。節約のためとはいえ工場にいるような雰囲気で気分がダウンする上に「安い」からと思って無駄なものを買ってしまうので滅多に入りません。

▶▶ パリのコンビニ的存在のミニ・スーパー

モノップ（Monop'）、カルフール・シティ（Carrefour City）、マイ・オーシャン（My Auchan）、ユー・エクスプレス（U Express）、アンテールマルシェ・エクスプレス（Intermarché Express）です。前述のスーパーのミニ・バージョンで営業時間が比較的長く、深夜まで営業している店舗もあり、カウンター席を設け、サラダやサンドイッチ（最近はモノップでおにぎりも登場）をイートインできたり、サラダバーがある店舗も。値段は普通のスーパーよりも高めです。

インフレ円安の現在、気になる「どこが一番安いのか？」ですが、実を言うとパリ市内ではどこのスーパーもあまり差はありません。「高い、BOBOのスーパー」というレッテルを貼られるモノ

プリですが、実は以前から「安い」と言われるフランプリの方が高い気がする…と気になっていました。実際に上記のスーパー数店とバターの値段を比較してみたのですが、「庶民派、安い」というイメージのフランプリがダントツで高かったので「先入観で損してる人がどれだけいるのだろう」と思ったものです。立地や営業時間によって値段も変わってくるので（モノプリのエコバッグがシャンゼリゼ店では他店より1ユーロ高かったのには驚きました）、一概に「どこのスーパーがお得です」とは言えません。一つだけ確かなことは、営業時間が長く、パリの中心部に多い「コンビニ的ミニ・スーパー」は確実に高いので、スーパーで、ばら撒き土産を買いたいという方にはおすすめしません。私も水筒を忘れた時に水を買うくらいで、パリジャンたちが買い出しに利用するスーパーではありません。パリの民泊で長期のステイをされる方も、モノプリやカルフール・マーケット（カルフール・シティではなく）などの大きめのスーパーをおすすめします。

スーパー界のスーパースター、「モノプリ」

　パリ土産の王道となった「エコバッグ」でも有名ですし、中心部には大きな店舗があちこちに点在するので、パリを訪れたことがある方に最も馴染みがあるスーパーといえばモノプリです。私も動画で何度か紹介していますが、一度足を踏み入れるとなかなか出られない私のパリのオアシスです。

　フランス全土に展開していますが、大都市の中心にあり、おしゃれなスーパーなのでモノプリがあるエリアは、高級住宅地、もしくはBOBOが住むところ。メトロの駅、美味しいパン屋さん、商店街、素敵なカフェとビストロ、公園、学校…そしてモノプリとピカールが近所にあれば、そこはもう理想郷です。もちろんそのようなエリアはパリでも競争率が高く、住むのはなかなかハードルが高いのですが…。

一体モノプリの何がそこまで魅力的なのかというと、そもそも店舗がおしゃれなのです。前述したモノプリ以外の店は全て「いかにもスーパー」ですが、モノプリは「ブティック」かと見まごう店構えで、他店とは外観ですでに一線を画しています。そして、やはり商品のセレクションが違います。他のスーパーでは売っていないような「ちょっとお高めでも気の利いたもの」が手に入ります。パスタやバター、お菓子、シャンプーなど、いち早く敏感に「ん？　見たことない。良さそう！」と思える品を見つけてくるのです。あえて価格競争には参加せず、安さではなく日常のときめきを優先するという戦略が都会っ子たちの心をつかんでいると思います。

　高級なジャムや「ボルディエ」のバターやビスケット、珍しい香辛料といった普段は買わない特別な嗜好品は、動画でもご紹介したギャラリー・ラファイエットのグルメ館ラファイエット・グルメや、ボン・マルシェのグランド・エピスリーを利用しますが、「ちょっとした気の利いた食品」を買うことができる「デパートでもないけど、ただのスーパーでもない」というポジションを独占する「スーパーのスーパースター」なのです。

　そして他のスーパーと一線を画す最も大きな理由は、衣類や雑貨、コスメも売っているということ。それらの商品もまた、新しい物に敏感な消費者層をときめかせるセレクションなのです。

パリで人気のオーガニック・スーパー

「インフレの影響で、今まで鰻上りに成長してきたオーガニック市場が下火になってきた」というニュースを聞きましたが、やはり健康志向が高い都会っ子パリジャンたちの間ではオーガニックのスーパーは根強い人気ですし、中心部にはたくさんのオーガニックのチェーン店があります。私はどこのお店とは特に決めていませんが、野菜・果物類は週末のマルシェかオーガニックのスー

パー、もしくはローカルなものにこだわる八百屋さんで調達しています。モノプリなどのスーパーで生鮮食品を買うことはほぼありません。

　そして何より日本人である私にとってはありがたいことに、健康志向のオーガニックのスーパーでは日本食の材料を手に入れることができます。もちろん日本のものとは味が違うので、全て揃えるわけにはいきませんが、私はしょうゆはフランス産のオーガニックのものを使っています。数年前まではフランスのTofu（豆腐のこと／トフュと読む）は食べられたものではありませんでしたが、最近では絹豆腐に近いものも手に入れることができるようになり、米酢、昆布、海苔、うどん、みそ、なども売っています。なんと米麹もフランスで手に入るようになりました。

　オーガニックのスーパーでお土産におすすめしたいものは、ハーブティです。一般のスーパーよりも種類が断然多い上に、パッケージが可愛いものが多いので、ぜひ試していただきたいものです。私は食後は必ず温かいものを飲みますが、意外と刺激物に弱いので、カフェインをとってしまうと朝まで眠れません。Défense immunitaire（免疫力向上）、Ventre plat（ぺたんこのお腹）、Nuit calme（落ち着いた夜）、Réconfort Gorge（喉に優しい）など、効能別にありとあらゆるハーブティを揃えています。

　もう一つのおすすめはコスメです。例えば日本でも人気のメルヴィータ（Melvita）やヴェレダ（Weleda）、ドクター・ハウシュカ（Dr.Hauschka）も売っていますし（実はモノプリにも売っていますが）、お財布に優しくたっぷり使えるオリジナル・オーガニック・コスメも売っています。敏感肌の方におすすめのロバのミルクの石鹸やクリーム、定番のマルセイユ石鹸やアレッポの石鹸など、自然派コスメにこだわる方にはおすすめです。

急増中のコンビニ的ミニ・スーパー

　2015年に当時の経済相マクロン現大統領が提案し、制定された通称「マクロン法」によって日曜営業・夜間営業の規制が緩和されたことで、パリの中心部にある小売店やデパート、スーパーがいつでも利用できるようになりました。もちろんこんな法律にパリジャンが黙っているはずはなく一悶着ありましたが、「ライバルのロンドンに観光客を取られたくない」という主張はごもっともで、今では普通に受け入れられています。日本の旅行者を迎える私としてもストレスが減りました。

　一昔前には休日や夜間に「トイレットペーパーがない！」「牛乳がない！」という時は、近所の「アラブ屋さん」に駆け込んだものでした。店員が皆アラブ系で、商品には値札が貼ってあり、レジで一個一個値段を打って会計をする店が多く、最低限の食料品や日用品を売っています。私の中ではジャイアンの剛田商店のような、スーパーの原型のような商店です。今でも中心部を離れるとアラブ系やインド系の人々が経営する商店がありますが、「ここはパリ？　バグダッド？　ニューデリー？」というお香の匂いが漂っていてエキゾチックな、メルティングポットのパリならではの空間で、私は結構好きなのです。9.11の直後、近所のアラブ屋さんのおじちゃんと「宗教について」「平和について」「移民として生きることについて」不器用なフランス語ながら一緒に語った想い出が蘇ります。こういう店が次々と大手スーパー系のコンビニにフランチャイズされて消えつつあり、なんだかつまらないなあと思っています。

ママ友も大好きモノプリの活用術

さて、私のモノプリ信者ぶりを披露してきましたが、全てのお買い物をモノプリですませるのかというとそうではありません。私の周りのママ友たちもモノプリ信者ばかりですが、何もかもモノプリではなく、「こういうものはモノプリで」と決めています。以下40代ママ友たちのモノプリ買い物例です。

▶▶ 生鮮食品以外の食料品

モノプリに足を踏み入れるとお財布のひもが緩くなりますが、日々の生鮮食品に関しては、やはり「鮮度と値段」を重要視するので、野菜や果物、肉・魚はなるべくマルシェで（私はマルシェの買い物が苦手なのでお父ちゃんが担当）、またはナチュラリア、もしくはローカルな野菜にこだわった八百屋さんを利用します。それ以外の食品、例えば他のスーパーでは売っていない若干お高めのパスタや、非常時に便利なスープ、ソース類、お菓子類などなどはモノプリで買います。お土産にも便利なマドレーヌやクッキー、チョコレート類は品数豊富ですし、新商品が出ていないかをチェックします。

そしてモノプリ信者として特筆したいのが、オリジナルブランドの商品の中でもモノプリ・グルメ（Monoprix Gourmet）のものです。お菓子類はもちろんですが、私のおすすめはなんといってもモノプリ・グルメの生乳バター（Beurre cru）です。値段も手頃なのに、マルシェやチーズ屋さんで手に入れることができる、高級バター並みの味わいのバターです。さすがにバターの王様ボルディエはどこにでも売っているわけではないので、美味しいパンと一緒に食べる時にピンチヒッターとしてよく買っています。

▶▶ 子ども服

　こちらも動画でご紹介していますが、モノプリの子ども服、特にベビー服ブランドのブッチュー（Bout'chou）も、日本のママ友たちにプレゼントすると大変喜ばれます。我が娘のベビー服は、お下がり以外は全てブッチューのものでした（笑）。フランス語では赤ちゃんのことを「Bout de chou」（ブ・ド・シュー／キャベツの切れ端）と愛情を込めて呼ぶのですが、その短縮になります。「かわい子ちゃん」といった感じのニュアンスでしょうか。

　話は外れましたが、ブッチューのベビー服は、激安ではないにしても庶民の私でも手が届く値段で（おめかし用のワンピースでも30ユーロ程度）、色も柄もおフランスならではの落ち着いたシックなものが多く高見えしますし、質も、子どもは瞬きする間に大きくなってしまうことを考えると十分です。ベビー服以外でも、衣服全般で「デザイン・お値段・質」のバランスが良く、大変重宝しています。

▶▶ インテリア・雑貨類

　私がついつい足を止めてしまうのが、食器類やバスルームなどの雑貨です。エンゲル係数は高い我が家ですが、食器はかなりチープです（笑）。流行に敏感なモノプリには、今の都会っ子たちに人気のミニマリストな和食器風のものもあるので、大変お世話になっています。他にも日常に必要なタオルやシーツなどもあり、シンプルでセンスの良いものが多いので、パリ生活を始める学生さんにもおすすめです。

　またシャンプーなどバス用品も他店にはないものが揃い、都会の女性のニーズにいち早く対応しているのでチェックは欠かせません。

日本のスーパーとの違い

ところ変わればスーパーも変わる、というわけで、日本とフランスで大きく違う点を以下に挙げてみます。

▶▶ 野菜・果物は包装されていない

ほとんどの野菜・果物はどーんと山積みにされています。フランスでは環境保全のために2024年以降は一部の商品を除き、野菜・果物のプラスチック包装を禁じる条例が発令されましたが、20年前からすでにほとんどの野菜・果物は包装されていませんでした。フランス人は逆に日本の過剰包装に大変驚きます。「何もかもプラスチックに包まれているのは、気持ちが悪い」と言われたことがあります。逆に個包装に慣れた私たちは、「え?!　個包装なしで素手で!?　気持ち悪い！」と思ってしまうのですが…。

いったん落ちたものを拾って戻したり、熟れ具合や匂いをチェックするために触ったものを戻したり、そのまま売り場の葡萄を味見したり、というのはおフランスのスーパーではよく目にする普通の光景です。誰が触ったかわからないりんごを、いつ洗ったのかわからないジーンズで拭いて生のままカリッとかぶりつく、そんなパリジェンヌの爽やかでワイルドなje ne sais quoi（たとえようもなさ）を醸し出す色気は、私には一生身につくことはなさそうです。

フランスでは衛生面を気にしすぎていては生きていけません。バイキンがついてそうでも「これで抗体がつく！　丈夫になる！」と思うしかないのです。家に帰ったら丁寧に洗うようにはしていますが、買ってきた野菜や果物の過去はなるべく詮索しないようにしています。

▶▶ 野菜・果物は自分で量る

　レジで量ってくれるお店と、自分で量るお店がありますが、多くのスーパーでは自分で好きな量を袋（プラスチックではなく紙やとうもろこしの澱粉でできた袋）に入れて量り、量りから出てきたバーコード付きシールを袋に貼ります。モノプリで野菜や果物を量るのを忘れたままレジに並んでしまい、しかも17時以降という最も混雑する時間帯に10分以上並んで量り忘れに気がついた…というシチュエーションはフランスのスーパーのあるあるです。どうしても量り忘れたみかんを買いたければ、「すみません！忘れました！」といって急いで量りに行きます。自分のカゴを保留して、次のお客さんのお会計を始めていてくれるので、さっと量りに戻っても大丈夫です（**写真P214**）。

▶▶ 「レジ通過」という名のアドベンチャー

　日本との大きな違いは、レジ係が座っていることです。初めてお父ちゃんと日本に帰国した際に、「なんでレジの人が立ってるの？　疲れるじゃん！」と驚いておりましたが、確かに一理ありです（笑）。日本で若い頃コンビニでアルバイトしていた時も、仕事中はずっと立っていましたし、レジで会計をする以外にも常に何かをしていたので、座ってる場合ではないという感じでした。が、おフランスでは皆さん座っています。お客がいない時は同僚とおしゃべりをしているか、携帯をいじっています。そしてどんなに行列ができようと「あたし今日は、もうあがりだから〜。また明日ね〜！」とイライラする客を気にする素振りも見せずに去っていきます。

　そして、おフランスのレジではセカセカと働くのは客の方です（笑）。まずカゴに入っている商品をベルトコンベアの上に自分でのせていきます。この時に前のお客さんの買い物がまだベルトに

のっている場合は、しきり棒を置いてから自分の買い物をのせて
いきます。座ったままのレジ係は商品のバーコードを機械に読
ませて、反対側に移動させるだけ。商品を袋に詰めるのも客の仕事
です。つまり、客はせっせとベルトコンベアに商品をのせ、素早
く反対側に移動して、袋詰めの作業に取りかからねばなりません。

　自分の役目が終わったレジ係は、合計金額を伝えた後、客の支
払いを待ちます。客の方は、商品を袋に詰める手をいったん止め
て、会計をしなければいけません。会計が終わった後、まだ商品
を詰め終わっていないのに、次のお客さんの会計を始めてしまう
レジ係の人もいるので、自分が買ったものと次のお客さんの買っ
たものが混ざらないようにしなくてはならず大慌てです！

　この「レジ通過」というのが、パリに移住したての頃はかなり
のアドベンチャーでした（笑）。とにかく焦るのです！　移住し
たばかりの気の弱い若い娘時代は、何度もレジ前でシラーッと横
入りされたものでした。フランス語力に自信がなかったので何も
言えず、家に帰ると「悔しー！」と地団駄を踏みつつも、次回に
備えて黙々とイメージトレーニングをしていました。「次にこう
されたらこう言ってやろう！」「こう言われたらこう言い返して
やろう！」と自分で辞書を引いたり、フランス人の友人に「ギャ
フンと言わせるにはどんなフレーズが効果的？」と聞いたり。私
のフランス語力はこの悔しさをエネルギーに伸びていきました。
自分でいろんな会話のパターンを想像し、こなれたフレーズを考
えるのです。

　17区のモノプリ・テルヌ店で、Madame, j'étais dans la file
d'attente!（マダム、私並んでいるんですけど！）と言えたあの瞬間、
私のフランス生活の第2章が始まったと言えます。語学学校では
なく、実際にスーパーで、フランス人のおばちゃんに文句が言え
たこと、それは私にとって大きなステップを踏んだ瞬間でした。

　最近は年のせいか、自分の心に余裕が出てきたようで、横入り
をされそうな気配を感じても昔のように「あ、アジア人だと思っ

てバカにしてるな！　そうはいくもんか！」という被害妄想の入った攻撃的な言い方ではなく「お先に通りたければどうぞ。私、急いでませんから。おほほ」と笑顔で通してあげます。攻撃的に「アタシが先だったのよ！」と言おうものなら「あらまー、ごめんなさいねー、お忙しいのねー！」と嫌味を込めた言い方をされたりするのですが、こちらから親切を装って順番を譲ると「あら、並んでたの？　ごめんなさいね、気づかなかったわ。どうぞお先に」と謝ってきたりします（笑）。

　フランス人は非を認めないという性質がDNAの中に組み込まれているように感じます。フランス国民が全員そうだとはもちろん断言はできませんが、ヨーロッパの中心にある様々な文化が交差するという地理上、「自分の正当性を主張する」という性質は長い年月を経て育まれてきた国民性だということはフランス人自身も認めるところでしょう。とにかく怒られても謝らないので、怒っても仕方がありません。文句を言えば2倍になって返ってきます。

　それよりも、プライドの高さを逆手にとって「どちらが寛容か、どちらが大人か」という競争に持っていった方が、頭ごなしに文句を言ってケンカになるよりもうまくおさまる場合が多いのです。なので「アタシが譲ってあげたのよ。アタシの方が大人よ」という態度を見せれば、「アタシは非を認められるからもっと大人よ！」と返ってくるのです。「スーパーでつまらない小競り合いをしている暇なおばさんだ」と思われるでしょうが、おフランスでは、見ず知らずの人たちとの小さな人間ドラマが日常的に自然発生するのです。面倒な時はなるべく深呼吸をして相手に譲り、「あー、私は大人だった」と自分で自分を褒めてあげるようにしています。

　逆に親切な人もいて、私の方が買う物が少ないことに気づいて「お先にどうぞ」と譲ってくれたり、重い荷物を抱えていた時もよく譲ってもらいました。そういうところは見習って、私も周りの人を見て譲り合いの精神を忘れないように心がけています。

▶▶ おつりは引き算ではなく足し算

　今のフランスはカード払いが主流です。特にスーパーではほとんどのお店で最低限度額もなく、1ユーロ未満でもカード払いができます（ちなみに世界中に普及しているカードのチップは1974年にフランス人のロラン・モレノ氏が発明したもの）。小さなお店やカフェなどではカードが使えるのは10ユーロ、15ユーロからという場合もあるので、なるべく20ユーロは現金を持っているようにしていますが、スマホとエコバッグだけで出かけています。

　現金払いの際、おフランスでは「おつりは引き算ではなく足し算」です。例えば12ユーロの買い物を20ユーロ札で払うと「12足す3で15ね」と小銭で3ユーロ渡され「15足す5で20」と5ユーロ札を渡されます。私たち日本人はよく、12.5ユーロの時に20ユーロ札と50セントの小銭で払うか、10ユーロ札でお釣りをもらいたいので20ユーロ札と小銭で2.5ユーロを出します。これがフランス人には理解できない人が多いのです。「え!?　足りてるんだけど？」と言われて小銭を返されます。合計額をきちんと確認してカード払いするのが一番スムーズで安全です。

スーパーでの注意点

▶▶ 賞味期限の確認

　これは高級なデパ地下でも、コンビニ的ミニ・スーパーでも同様。賞味（消費）期限が切れていた、もしくは明日切れる商品だったとか、よく見たらカビが生えていた、ということが往々にしてあります。

▶▶ 表示価格と実際の値段が違う

　これもよくあることです。レジに行ったら、表示してあった値段と違うのです。打ち間違いはよくあるので、表示価格より安い場合は良いとして、差額が大きい場合はきちんと抗議します。我が家のお父ちゃんは節約家（自称ケチではない）なので、「今日も下のスーパーで値段が違ってたぜ」と度々文句を言っています。

▶▶ 商品と値札の位置がずれている

　これは高級店でもよくあります。「あら！　フォワグラでこのお値段、お安い！」と思ってレジで会計したら、15ユーロのはずが50ユーロだったことが。

「15ユーロって書いてありましたけど？」と訴え、売り場に行って確認すると、15ユーロは隣の「パテだった」というオチなのですが、意外とよくあることです。「そんなに値段が違うのに横に並べる？　しかも値札の場所間違ってない？」とツッコミたくなるのですが、そこはおフランス。こちらが注意をして、値札の商品名を確認しましょう。

Les supermarchés à Paris
スーパーのあれこれ

パリで最も店舗数が多い
フランプリ

こだわりエピスリー、ベリーの野菜売り場

野菜・果物の量り方

1

2

1. Fruits フルーツを選んで
2. 商品の写真を押す（写真がない場合は商品の番号をチェック）
3. 出てきたシールを
4. 袋に貼ってレジへ

3

4

4 章

パリの
服装

S'habiller
à Paris

La bonne tenue mois par mois

月別の着こなし例

季節ごとに、どのような服装を
準備していけば良いかはこちらを参考に！
パリは日本の関東地方とほぼ同じような季節感です。
同じ気温でも湿度が違うので、日本と同じ服装にプラス1枚、
ワンランク厚めの装いにするとちょうど良いでしょう。
季節＆気温別の服装の考え方はP255をチェック！

1月 Janvier

1・2月に最高気温0℃の日は、ダウン入りの厚いコート＋軽くて暖かいニット＋保温下着＋マフラー。

2月 Février

美術館内は暑いので真冬でもダウンの下は薄めにしています。

3月
Mars

ウール入りのジャケットも大活躍。さらにトレンチを重ねることも。

4月
Avril

気温差の激しい中途半端な季節(ミ・セゾン)には、オニオン(重ね着)方式で。

5月
Mai

コットンの通気性の良いセーターと素足にパンプス。

4章 パリの服装

La bonne tenue mois par mois

6月
Juin

タンクトップと薄いジャケット。真夏の装いが必要な日もあれば、薄ニットが必要な日もあり！

7月
Juillet

夏でも突然涼しくなるので、ウール入り紺ブレは常にスタンバイ。

8月
Août

薄いシルクのベアトップワンピース。必ず羽織り物も準備（この時は薄いトレンチ）。

9月
Septembre

Tシャツとカーディガンの9月下旬コーデ。マフラーやスカーフを必ずサブバッグに入れて。

10月
Octobre

そろそろウールのコートが登場。暑すぎないように下はコットンのニット。

11月
Novembre

あったかニットと軽めのコート。ここから3月までは、ほぼ同じパターンの毎日。

4章 パリの服装

La bonne tenue mois par mois

12月
Décembre

保温下着＋ニット＋ウールのコートで防寒は万全に。

小学生の1月コーデ。長袖Tシャツ＋ザックリカーディガン＋ウールのコート＋ニット帽。

ソワレのおめかしは暗い色でシックに。黒ワンピは1着あると万能。夏の結婚式で。

大多数のパリジェンヌは非常にラフ

　パリといえばファッション、ファッションといえばパリ。美しい街並みに溶け込む、je ne sais quoi（ジュ・ヌ・セ・クワ／なんとも言えない魅力）を持ったパリジェンヌの着こなしは世界中の女性たちのお手本であり、粋なおフランスのシンボルです。

　私も若い頃ファッション雑誌の中で見るパリジェンヌを研究し、似たような服を買ってぎこちない「浜（横浜）のパリジェンヌ」を気取ったものでした。当時、クレモンティーヌの歌う『T'en va pas』をバックにした女の子のジーンズのテレビCMがありました。ジーンズにコーデュロイのジャケット、ショートブーツ姿のパリジェンヌが、無造作なウェイビーヘアを風になびかせながら早足でパリの町を歩く姿は、「これぞパリジェンヌ」という理想像として永遠に私の脳裏に焼きついています。

　何を着てもおしゃれな人たち、おしゃれな人しかいない町という妄想を膨らませ、いよいよ大学2年生の時に初めて花の都の石畳を踏んでみると、地味でラフでヨレヨレで、ジーンズに黒、灰色、カーキ、茶色といったパリの町の外観のような色の上着の人ばかり…。ファッション雑誌のスナップ写真のイメージが強すぎて、おしゃれじゃない人がたくさんいるという事実は、心の準備のできていなかった私には衝撃でした。

　大多数のパリジェンヌは非常にラフで、ZARAやMANGOやH&Mといった外資系のファストファッションの服をまとい、お金をかけず、動きやすい服で生活をしています。今でもSNSで目にするおしゃれなパリジェンヌたちをイメージして日本からやってくると、あまりにも普通に地味な人が多くてビックリされると思います。SNSや雑誌などではおしゃれな人を選んでいるので、ついつい「おしゃれな人しかいない町」と想像しがちですが、90％以上のフランス人はかなり地味です。

ただフランスの地方都市からパリに戻ってくると、男性にも女性にも「やっぱりパリにはおしゃれな人が多い」と感じます。モードの首都ですから、おしゃれなお店が多いということもありますが、やはりフランスで最も国際的な町ということもあり、外からやってくる新しいものを受け入れるオープンさ、そして何よりもアートにどっぷりと浸かって育っているという点が、パリならではなのかなと思います。

　世界一美術館・博物館が多い町パリでは、幼い頃から古典から現代のアートに親しんだり、観劇をしたり、美的センスや感受性を磨く場に事欠きません。お金をかけないファストファッションの服でも、ヴィンテージの服でも、高級ブランドの服でも、着こなしが上手な人が多い理由はそこにもあるように思います。そして既成概念にとらわれない想像力、反骨精神もまた、パリがおしゃれな町である由縁だと思います。「こうすべき、これがおしゃれ」というルールを堂々と無視し、自分が着たい服を着たいように着るからこそ「Je ne sais quoi」な魅力を醸し出せるのだと思います。

　水兵の制服だったマリニエール（ボーダーTシャツ）や男性に限られていたパンツルックを着こなしてみせたり、女性が動きやすいようにとスカートを膝丈までカットしてモードに革命をもたらしたココ・シャネルが良い例です。彼女はパリの出身ではありませんが、既成概念にとらわれない反骨精神を持った、新しいものを受け入れるオープンマインドなパリこそ彼女の創造性が開花できたことは確かだと思います。

スリ・ひったくりに遭わない服装

　旅行でパリを訪れる際に最も気をつけたいのは「スリ・ひったくり」の標的にならないことです。私は日本人ガイドとしては、

皆様の身の安全のために「目立たない地味な服、忍法隠れ身の術」でパリ色の浮かない服で観光されることをおすすめすべきなのですが、パリに憧れてやってきた見かけによらずロマンチックな夢見る元乙女としては、ご自身の気分が上がるようなファッションでパリを満喫して頂きたいと願っています。

それにどんな服装であろうと、私たち平たい顔族は「観光客」に見られます。地味でラフな服装でも着こなしや歩き方で、後ろ姿を見ただけでもパリジャンなのか、旅行者なのか、一瞬でわかります。「だったら好きな服を着て歩いたって良い」と個人的には思うのです。地元パリジャンでさえスリの被害に遭うのですから、どんな服装であろうと用心する必要があります。ですが、「これは明らかに危険」というリスキーな服装はあります。冒頭の治安についての章でもお話ししていますが、リスクを知っているのと知らないのとでは、全く違いますので「どういう服装が危険なのか」注意点を以下にまとめてみました。

高級ブランドは持ち歩かない

エルメス、ルイ・ヴィトン、シャネル、ディオール、サンローラン…。世界中が憧れるハイブランドの国であるフランスですが、実はこれらのハイブランドを身につけて歩くパリジェンヌは非常に珍しいのです。おしゃれでセレブなエリアでは見かけますが、(本物の) エルメスのバッグを持ってメトロを利用するパリジェンヌはまずいません。高級品を身につけていれば当然スリやひったくりのターゲットになります。

メトロの中でブランド品を持っているパリジャンは非常にまれです。パリで毎日暮らしていればどれだけスリが身近で活動しているか痛いほど知っているからです。日本では高校生でもブランド品のバッグやお財布を持っていますし、ブランド品を身につけることは「大人のエチケット」のように考えられ、いたって普通

4章 パリの服装

223

のことで、特にお金持ちではなくても「ヴィトンのお財布くらいは持っている」という感覚かもしれませんが、高級ブランド大国おフランスでは事情が若干違います。

　高級ブランドを持つと即座に「お金持ち」に分類され、「成功の証」としてのブランドのロゴを前面に押し出したファッションや高価な宝飾品で身を固めているとBling Bling（派手派手で趣味が悪い）と揶揄されます。「成功することは良いこと」というアメリカ的な価値観とは反対に、フランスには「お金持ちヘイト」な風潮があるので、実際には裕福でも、あえて「お金持ちに見えないようにしている」という方が非常に多いのです。なにせフランス革命で国王も貴族もギロチン台に送った人たちですから、今でも富を見せびらかすことには危険が伴うのはもちろん、mauvais goût（趣味が悪い）と批判されることもありますので、富裕層の方には肩身が狭い国かもしれません。ブランド品で身を固めてしまうと「歩く獲物」となり、スリだけではなくスクーターなどを使ったひったくりの標的となってしまいます。

　高級腕時計も狙われやすく、暴行を伴う窃盗が相次いで発生していてかなり危険です。友人の同僚である裕福なフランス人マダムは、パーティでつける高級腕時計は用心のために、会場を後にする前に外し、バッグの奥底にしまうとのこと。

　日常生活で高級ブランド品を持ち歩く人もいないことはないのですが、狙われる可能性が少ないエリアだったり、人通りが多い時間帯だったり、「いつ・どこで・誰と・何をするか」を考慮しつつ、リスクを承知で「自分は大丈夫」という自信がある人に限られるでしょう。

　以前、セレブな左岸のカフェで、カトリーヌ・ドヌーヴ似の煌びやかなマダムがその友人にこう話しているのを耳にしました。「〇〇がこの間リュテシアの前でスクーターに乗った男にバッグをひったくられたのよ」「聞いたわ！　良かったわねえ、盗まれたのがヴィトンで。バーキンだったらちょっとショックよね。パ

リもだいぶ住みにくくなったわね。私も歩いて散歩する時は盗まれても良いバッグで出かけるわ」というマダムがテーブルに置いていたバッグはシャネル様でした。このマダムにとってのシャネルは、私にとってのモノプリのエコバッグ程度なのか、保険で賄えるから痛くも痒くもないのか、聞こえてくる会話の内容が別世界すぎて面白いティータイムとなりました。

　残念ながらフランス人でも何人（なにじん）でもブランドを持っていれば狙われますが、それに加えて私たちは「現金持ち」と評判のアジア人ですので、さらにスリやひったくりのターゲットとなる確率が高くなります。高級ブランド品をどうしても持ちたいという方は、メトロの利用を避ける、車道側を歩かない、カフェのマダムのように盗まれても良いものにしておき、貴重品は別のバッグにしまう、もしくは日中でも車で移動しましょう。

　ところで「ブランド品を買いに行きたいけど、ブランド品を身につけていないと、店で良い待遇をしてもらえないのでは？」と疑問に感じられる方も多いです。でもそんなことはありません。「高級ブランド店で差別された。日本人だから？　そこのブランド品を身につけていなかったから？」という30年前の体験談を何名かのお客様から聞きました。ですが、私がガイドになって何度となく高級店でお客様のお供をしてきた中では、一度も冷たくあしらわれた経験はありません。皆様とってもシンプルな装いで、ブランド品を購入していましたが、パリではあえて持たないようにしていました。

　接客に関して一点注意してほしいのは、高級店だけに限らず、おフランスの販売員は人間っぽいということです。面白いほど機嫌の良し悪しがわかります。挨拶を忘れず、笑顔で接していると相手も気分が良いですから「特別に見せてあげるわ」なんてお宝を出してきてくれることもあります。逆に最初から「馬鹿にされ

ないように」と強気で傲慢な態度でいては、いくら全身そのお店のもので固めていても心地よい接客は望めません。

　高級店で販売員をしていたこともあるので、経験から言わせて頂くと、「高そうな身なりの人がお買い物をしていくとは限らない」ことは高級店の店員なら誰でも知っていることです。販売員時代に、世界の長者番付にも名前が載ってしまうような大富豪が来店しましたが、ジーンズにスニーカーといういで立ちでした。先述のように、こういった人たちも日中街を歩いてお買い物をする時にはブランド品でもロゴが見えないものを選んだり、あえて富は見せつけないのです。

　30年前の事情はわかりませんが、現在は高級店の販売員の皆さんはとても親切です。差別どころか「日本人客」とわかると、逆に歓迎される傾向にあります。なぜなら、そもそも昔の高級店と現在の高級店では経営者が違います。ルイ・ヴィトンやディオールなど、昔からあるグラン・メゾンたちは90年代に次々とLVMHグループなどに買収されていきました。これらのグループは、アジア市場の重要性を認識しているので、お高く止まった上から目線が徐々に消えたという点があるのではないでしょうか？

　また、私がパリに住み始めた20年ほど前から、食やファッション、漫画などのポップカルチャーなどを通して親日家が増え、日本は洗練された国だというブランドイメージが出来上がったおかげもあると思います。

　そして昔（バブル時代）の日本人観光客は、風刺漫画などでも嘲笑の的となっていましたが、お金の力にものを言わせ、棚の端から端まで爆買いをするといった態度が有名で、富を見せびらかすことは趣味が悪いと考えるフランス人から顰蹙を買っていたことは確かだと思います。一昔前のアメリカ映画などを見ても「なんでもかんでも買い占める日本」に対する敵対心や嫌悪感を感じます。現在、その当時の日本人に取って代わった存在が中国人観光客です。

海外旅行が普及するとともに、多くの日本人は礼儀正しい国民であることが知れ渡るところとなりましたので、現在は「礼儀正しくハイセンスな国民」というイメージに変わって歓迎されていると感じます。上下ともスウェットといったスポーティな身なりはどうかと思いますが、日本でデパートにお買い物に行くような清潔感のあるスタイルで十分です。

　高級ブランド店でお買い物をしたら、店の紙袋を持って街歩きはしないことをおすすめします。買い物袋ごとひったくられる、もしくはスリに遭うという被害が続出したため、ロゴの入っていない紙袋を用意している高級店もあります。

　小物を購入した場合は、手持ちのトートバッグに店の紙袋を畳んで入れ、商品は奥底に埋蔵しましょう。高級ブランド店では大きなお買い物をした場合はホテルに配達してくれますので、ぜひこの配達サービスを利用してください。

　そしてこれは、ブランドショップに限らず、ショップに入る時に忘れてはならない共通のマナーですが、入店時には、必ずフランス語でひとこと挨拶しましょう。「Bonjourボンジュー／Bonsoirボンソワー」(こんにちは/こんばんは)。明らかに店員の対応が変わります！ (P272)。

いつでも走れる靴を履く

　まるで戦地にでも繰り出すような題ですが、パリで日中に観光をする際に絶対に犯してはならないミスは靴選びです。「旅行中は歩きやすい靴」というのは鉄則ですが、パリには日中でもヒール靴を履いたおめかしさんの若い女性観光客が意外と多いのです。「エレガントな町を歩くのだからヒールじゃないと」と思い込んでしまうのか、私がルーヴル美術館に行く度に歩きにくそうなヒール靴で見学する女性を目にします。広大なルーヴル美術館の見学にピンヒールでは、『モナ・リザ』にたどり着く前にヘトヘト

になってしまうと思いますし、石畳や公園の砂利道を歩くのにも適しません。

　シャンゼリゼやオペラ座界隈などで、ヒールで歩き疲れて猫背になりながら足を引き摺る女性たちを見ると「危なっかしい」と思ってしまいます。足の痛みに気を取られて、ヘトヘトに疲れると不注意になってしまうからです。若い頃に履き慣れていないつま先の尖ったピンヒールを履いて、高級ブティックが軒を連ねるサントノーレ通りを歩いていた際に、一歩一歩指先を金槌で叩かれているような足の痛みに気を取られ、まんまとスリの標的となってしまった経験があります（未遂ですみましたが）。

　またご存知のようにスト（ストライキ）も多いですし、平常時も突然メトロが故障したり、大渋滞でバスもタクシーも使えないという「歩かざるを得ないシチュエーション」が日常的に発生するということもあり、いざとなったら家まで歩いて帰れるという靴を選ぶようにしています。安全で快適に過ごすという意味でも、美しい街並みを存分に楽しむためにも、歩きやすく、履き慣れた靴でおしゃれを楽しんでください。

スリ対策のバッグ選び

　パリ観光の服装で、最も注意すべき点の一つが「バッグ選び」です。スリ対策の一つとして、旅行者がよく持っているのが、斜めがけのファスナーで開閉するバッグですが、実はリュックサックと同じくらい危険だと思います。斜めがけのできるバッグは、両手が空くので観光中に写真を撮ったり、地図を見たりするのに便利なのですが、一目で「ここに貴重品が入っています」とわかりますし、何よりスリの手が伸びて入りやすい高さなのです。

　実は私も何度かすられたことがありますが、いずれも斜めがけのファスナーで開くバッグを持っていた時でした。また、大混雑のヴェルサイユ宮殿でお客様が天井の写真を撮っていた時にも、

一瞬のスキを見て、斜めがけのバッグにスリの手が伸びてきました。「必ず前に持って、目を離さないように」とは言っても、こうした一瞬のスキにファスナーを開け、財布を取って、ご丁寧にもファスナーを閉めるスリさえいます。本当に天晴れなスキルなのです。斜めがけバッグに南京錠をつけているお客様もいましたが、それくらいの用心深さがあっても大袈裟ではないと思います。

　ではどのようなバッグが良いかというと、今特にパリでも若い人の間で流行中の斜めがけのバナナバッグ（とフランスでは呼ばれています）はなかなかの優れものです。斜めがけでも腰の高さではなく、胸の高さにかけるタイプなので、伸びてきたスリの手が視界に入りやすいからです。ただ道端でもメトロの中でも、ヒョイと後ろに回さないように注意が必要です。
　斜めがけのバッグでも、長さが調整できるタイプであれば、少し高めに持つだけでも、横から手が侵入しにくくなるので防犯になります。しかも「スリ対策から生まれた流行なのでは？」と思うくらい、最近おしゃれな女性たちは小さいバッグを胸元の高さに斜めがけにしています。コートを着るシーズンは、コートの下に斜めがけバッグをかけられるのでだいぶ安心感が増します。私は普段斜めがけのことが多いのですが（ファスナーではなくベルト式など、なるべく開閉しにくいもの）、開き口が広いトートや、底が深いトートも愛用しています。その場合は、小型のポーチをたくさん入れて、手が届かない高さに持ったり、混雑時にはしっかりと開け口を前に持ってくるように注意しています。ここでもまた「スリの気持ちになって」どうしたら手が侵入してこないかを考えながらバッグを持っています。そもそも貴重品といっても現金はなくなっても良いくらいの額しか持たず、お財布や身分証明書などは別々のポーチに入れているので、自分でもどこにしまったのかわからないくらいです（笑）。
　そしてフランスで持たなくなったものといえば「長財布」です。

バッグの中で見つけやすいし、お札もカードも入ってるし、これほどスリにとってありがたいものはありません。そもそも現金をあまり持たないおフランスで長財布を持っている人はあまり見かけません。日本の皆様、特に女性は長財布を持っている方が多いので（最近は減っているとのことですが）、フランスでは、お札は茶封筒でもポーチの中でもティッシュの中にでも入れるようにして、長財布にクレジットカードと一緒に入れて街歩きしないようにおすすめします。

仏文科同級生アヤが愛用しているポレーヌはパリで大人気！少し高めの位置に持つ人もよく見かけ、スリ対策にピッタリ

毛皮＆フェイクファーはNG？

　これもまた防犯・スリ対策ではありませんがフランスでは「目に見える富の証」の他にも「目に見える残酷さの証」とされる毛皮もなるべく避けた方が無難です。後者のスローガンは、熱心な動物愛護家として知られる往年の大スター、ブリジット・バルドーさんの財団のものですが、フランスでも一時期毛皮をまとった方々への嫌がらせが続出し、フランス毛皮協会が毛皮反対運動の被害者のためのホットラインを設けたことが2017年頃に話題になりました。

　2020年のIFOP（フランス世論研究所）のアンケートによると、77％のフランス人が「フランスは毛皮用の動物の飼育を禁止するべき」と返答。翌年2021年11月には毛皮用の動物の飼育を禁じる法律が成立し、2022年には89％が「毛皮を使った商品の販売に反対」と答えています。多くのデザイナーが「脱毛皮宣言」をしましたが、毛皮を用いた衣服の販売を続ける複数のブランドを抱えるLVMHグループの本社に動物愛護団体、L214が抗議運動のため乗り込んだという2022年末のニュースは記憶に新しいです。

　ですが高級ブランドからファストファッションまで、ふわふわした毛皮への愛着は依然として強く、フェイクファーをフードにあしらったコートが流行しましたが、これもまた石油を原材料とするため環境によろしくないということで、本物の毛皮よりもエコじゃないと批判が高まりました。

　最近ではステラ・マッカートニーのように「エコフレンドリーな新素材」を使う有名デザイナーもいますし、正直本物なのかフェイクなのかわからなくなっています。冬になるとファー付き（本物かフェイクかは不明）のコートを着た人たちをあちこちで見かけますが、ファーが原因で襲われたという話は個人的には耳にしません。私自身、うさぎのファーをフードにあしらったミリタ

リージャケットを着ていましたが、嫌がらせ行為を受けた経験はありません。

「毛皮を着たら危険ですか?」というご質問を受けたこともありますが、ものによるのではないかと思います。本物かフェイクかわからないファーがチラッとあしらってあるような前述のようなカジュアル感のあるコートなら全く問題はありませんが、本物のミンクの毛皮のロングコートを着て、高級ブランドのバッグをお持ちの往年のハリウッドスターのようないでたちは、「目に見える富の証」と「目に見える残酷さの証」の両方を身にまとうことになり、スリも動物愛護運動家も、どちらの注意も引きつけてしまうことになるので、用心が必要なことは確かだと思います。実際このような人は日中パリの街中では見かけません。いらっしゃるのかもしれませんが、まずメトロには乗っていません。

それと、動物愛護やエコロジーの観点からは外れますが、正直パリで本物の毛皮のコートを着ていたら暑いかもしれません。

教会に入る時は「肩出ししない」

観光をする時にもう一点、「マナー」の観点から気をつけておきたい点があります。特に薄着になる夏に教会を訪れる予定がある方は知っておくと良いと思うのですが、南仏などビーチが近い観光地では「ショートパンツやタンクトップなどのビーチ・ルックは禁止」と入り口に貼り紙をしていたり、肩を覆うケープのようなものを入り口に用意している教会もあります。

日本の旅行者にはほぼ100%見られませんが、私が2年連続で訪れた南仏のマントンでは海水浴に向かう若い観光客の女性たちがビキニの上に、下が透けるシャツやワンピース、もしくは上はビキニ、下はショートパンツという大胆な装いで普通に街中を歩いていたり、水着のままという人さえ見かけました。リゾートでは教会だけではなく、高級レストランなどでも「ビーチに行くよ

うな服装での入店はお断りします」と一言注意があります。日本では考えられない露出度が普通のフランスならではなので、「肩丸出しルック」がスタンダードではない日本からお越しの皆様はそれほど気にすることはありません。

「郷に入っては郷に従え」とおフランスかぶれし、ついつい開放的になってしまう私は、夏が来ればネグリジェのようなワンピースで日焼けをしながら太陽の恵みを体いっぱいキャッチしていますので、バカンス先で予想外の「隠れ寺」ならぬ「隠れ教会」に出会った時に、上着がなくて入れない！ということがないように、また「かんかん照りの夏日だったのに突然冷たいミストラルが吹き始める」といった場合にも備え、一日中外出する際は夏の南仏でも必ず上着を持っていくようにしています。

値段や星ではなく店の雰囲気で服装を選ぶ

YouTubeを始めた頃に作った動画「【パリVLOG／おフランスのドレスコード解説】～プチプラで高級レストラン～」の中でもお話ししているのですが、パリの高級レストランは日本の皆様が想像するほどドレスコードにうるさくありません。「高級レストラン」と一口に言っても、「伝統と格式のある超高級レストラン」と「三つ星を獲得したハイセンスな今風のレストラン」では雰囲気も違いますので、料理の値段や星の数ではなく、あくまで店の雰囲気で服装を選ぶと良いです。

例えば三つ星レストランといっても、超高級ホテル、フォーシーズンズ・ジョルジュサンクのレストラン、ル・サンク（Le Cinq）や、ブリストル・パリのエピキュールといったシャンデリアが煌めき宮殿のような調度品や絨毯が敷かれた格式を感じさせるお店もあれば、ルイ・ヴィトンのLVMHグループの五つ星ホテル、シュヴァル・ブランのレストラン、プレニテュード（Plénitude）のように、コンテンポラリーでリラックスした雰囲気の店もあります。

私がとても感動した三つ星レストラン、アルページュ（Arpège）は、アットホームな雰囲気さえ感じさせるお店です。こちらのお店にはジーンズにセーターという常連客の方々もいました。シェフはとても気さくな方で、服装など全く気にする様子もなく、初めて三つ星レストランを訪れた小娘の私に「僕は日本が大好きだよ〜！」と和食への情熱を語ってくれました。こちらのお店は三つ星レストランといえど、ランチもディナーも、ジャケットなしで清潔感のある服装であれば全く問題ありませんでした。初訪問の際、黒いドレッシーなワンピースで行ってしまった私は、逆に浮いてしまったほどです。

　あるアメリカの旅行サイトでは、今でもムーリスやブリストル・パリなどのパラスホテルのレストランは「ジャケットとネクタイ必須」とアドバイスをしています。これだけインターネット社会になって何でも情報が手に入る世の中になったにもかかわらず、海外で得る情報とこちらの現状のギャップがあるというのは面白いなと思います。

　ヴェルサイユ宮殿のような内装の、ある二つ星のレストランでのディナーでお向かいのテーブルに座っていたアメリカ人セレブ一家は、ハリウッドスターのような完璧さで、女性たちはイヴニングドレス、ヘアもメイクもアカデミー賞にご出席するのではないかという華やかさ。男性もしっかりパリッとしたスーツにネクタイ。アクセサリーやバッグ類もボディガードをつけたくなるような高級品ばかり。別の席にいたフランス人カップルはというと、女性は黒のワンピースとハイヒール、ハイブランドではないけれど小さめのゴールドのチェーンがついたバッグにナチュラルメイク。男性は黒いジーンズとシャツにカジュアルなジャケット、スニーカーといういわゆるカジュアル・シックな服装でした。

　ギャップといえば思い出すのが、モンテカルロのカジノです。

まさにジェームズ・ボンドの世界！　世界中の大富豪が集まるカジノ！　ハリウッドスター並みのゴージャスな装いでないとつまみ出されそうなイメージです。一度だけ、お客様をこのモンテカルロのカジノにお連れする機会があったのですが、普段はカジュアルな服装のお客様も、その夜のためにフォーマルなスーツと蝶ネクタイ、革靴を着用。そして同伴の女性も美しい某高級ブランドのイヴニングドレスにクラッチ、高級腕時計とアクセサリーで完璧な衣装でした。

　通訳＆ボディガードの私は、黒い背中がザクッと開いたba&shというパリジェンヌに人気のブランドのセールで買った黒いワンピース（約2万円）と、これまたセール品のラメ入りのヒール・サンダル（約1万円）、10年以上前にZARAで買ったスパンコールのポシェット（約2000円。未だに愛用しています）でした。いざ、世界中に数台しかない超高級車がずらりと並ぶ伝説的なカジノに足を踏み入れてみると…、なんとジーパンとTシャツという普段着の人たちもいるではないですか！　ほとんどの客はカジュアル・シックでネクタイさえつけている人はいません。

　一人だけジェームス・ボンドのようなスモーキング姿で行って浮いてしまったそのお客様は、「日本の旅行会社にフォーマルな服装をと言われて準備したのに！　なんなんだ！　恥をかいた！」と立腹されていました。

　モンテカルロのカジノのドレスコードはTenue correcte（きちんとした服装）となっていますが、これは、ランニング用のスニーカー、ショートパンツ、男性はサンダルやビーチサンダルなど、ビーチに行くような服装でなければオッケーということです。

　フランスの高級店のドレスコードが年々緩くなっていった理由の一つに、グルメな庶民が増えたという理由があるのではないかと思います。前述のようにここ10年ほど、おフランスの一般庶民の高級フランス料理に対する関心が一気に高まり、空前の「ガストロノミー・ブーム」が巻き起こっています。そして、同時期

に世の中に普及したSNSの影響も、高級フランス料理店が一般人にも門戸を開放し始めたきっかけではないかと思います。誰もが写真や動画を撮り、料理やサービスについて評価できる時代になったということも、「どんなお客様も大切にせねば」というポリシーに変わった理由ではないかと思います。時代は変わり、超高級店でも、グルメな一般庶民を大切なお客様として差別することなく迎えてくれる世の中になったことは、私のような一般人にとっては朗報です。料理に自信のある超高級店こそ「素晴らしい時間を過ごしてもらおう」と心のこもったサービスをしてくれますし、こちらが評価をすればするほど、サービスする側もとても喜んでくれます。

　調度品から食器、カトラリー、テーブルクロス…ありとあらゆるディテールにこだわったエレガントなお店に、穴の開いたジーンズやショートパンツ、ビーチサンダル、ジョギングやパジャマのような服装で来店する人がいないようにと **Tenue élégante（エレガントな服装）**、**Tenue de ville（町の服）**、**Casual chic（カジュアル・シック）** という表現を使っていますが、「何がエレガントなのか」「何が町の服装なのか」「カジュアル・シックとは」という指標は人によっても違います。以下に高級店で見かけるフランス人の典型的なコーデを例に挙げてみますが、バロメーターとして参考にしていただき、ご自身のおしゃれを楽しんでください！

パリのランチコーデ

　パリでは1泊1000ユーロ以上の超高級ホテルのレストランでも、ランチやアフタヌーンティーであれば、めかし込む必要はありません。日本の皆様は普段からとても清潔感がある装いの人が多いですから、あまりにもスポーティだったり、部屋着のような服装でなければ問題ありません。

　男性は清潔感のあるシャツやセーター、チノパンなど。ジャケットもお店によっては必須ではありませんが、五つ星ホテルの高級レストランの場合はあった方が気持ち的に安心かもしれません（ティーサロンなどではジャケットは必要ありません）。ジーンズにジャケット、スニーカー（ただし、汚れていないもの）でも大丈夫です。ジャケットであれば、スーツとネクタイと合わせるよりも、チノパンやジーンズなどでカジュアルダウンして、日本で言うところのスマートカジュアルな装いがちょうど良いと思います。高級店でのランチでは、ビジネスの会食客はスーツですが、旅行客は思いのほかラフですので、逆にかっちりスーツでない方が浮きません。

　女性客に対してはさらに寛容です。ジーンズにTシャツという方も見かけるくらいですが、ジーンズをはくなら、素敵なヒールやジャケットと合わせるというコーデが無難だと思います。日本ではジーンズやスニーカーはスマートカジュアルな服装からは外されますが、フランスでは組み合わせの問題ですので、シックな雰囲気を醸し出していればジーンズも立派なカジュアル・シックな装いです。

　例えばジーンズならば、パリッとしたきれいなシャツやブラウスにジャケット、足元も低めのヒールやバレエシューズを合わせるなど**「カジュアル」と「シック」を上手にミックスした「足し算、引き算」スタイル**です。逆に上をニットなどカジュアルなものにする場合は、毛玉だらけではないきれいなニットやカーディ

4章　パリの服装

ガン、下はデニムなどのカジュアルではないもの、テーラードパンツやスカートでシックに、という具合に「カジュアル」と「シック」をミックスするというのがカジュアル・シックだと考えて良いと思います。

カジュアル・シックのもう一つのポイントは、「質が良いもの」「清潔感があるもの」を選ぶことです。シワシワ、ヨレヨレ、毛玉だらけ、穴が開いているということがないように！

そして、女性の特権はワンピースさえあればなんとかなるという点です。ランチでは「夜会っぽくない」「露出度が高くない」。ワンピースであれば、プチプラでも問題ありません。秋冬はニットワンピースもおすすめです。

パリのディナーコーデ

ヨーロッパではどこの国でも夜はドレスアップをする習慣があります。ドレスアップと言っても、レッドカーペットの上を歩くようなイヴニングドレスを着る必要はありません。この「ドレスアップ」の度合いが、お国によって違うので難しいところなのですが、端的に言うとパリはドレスアップも地味です。

ところがパリ市内の観光地でディナータイムになると『エミリー、パリへ行く』の影響なのかもしれませんが、クラブに踊りに行くようなカラフルでギラギラで露出度も高く、ピンヒール、といった装いの外国人観光客の女性たちを見かけるようになりました。彼女たちを見てパリジャンたちは「クリスマスツリーが歩いてる」「ミラーボールみたいで眩しい」「これから客探しかな？」などと苦笑します。道徳的には何でもありな国ですが、実はフランス人はファッションや装飾、建築に至るまで、あまりギラギラとした派手な色や過度な飾りつけは好みません。

おフランス的な美的感覚のお話ということで、少し建築の話題に移ります。例えば豪華絢爛で過度な装飾を施しているかに見え

るあのヴェルサイユ宮殿は「バロック建築」と分類されることがありますが、実は本家イタリアのバロック建築と比べると、きちんとフランス流の規則があり、左右対称で理屈っぽい装飾になっています。ドラマチックな演出で「おー！」っと仰天させる、劇的な効果を狙ったものは「趣味が悪い」という感覚がすでに17世紀からフランスにはあり、同じヴェルサイユ宮殿のフランス式庭園のように、よく見て分析してこそわかる均整、調和を重視した美を好みます。

　17世紀ローマのバロック建築・彫刻のマエストロ、ジャン＝ロレンツォ・ベルニーニを招待し、ルーヴル宮殿の東門の建築を依頼したものの、おフランスの芸術家たちに「ごちゃごちゃしていて趣味が悪い」と貶され、せっかくの図案もお蔵入りし（ベルニーニがお高くとまってフランス人芸術家を田舎者扱いしたせいなのだとか）、結果として出来上がったルーヴル宮殿の東門部分は、ギリシャ神殿に似たまっすぐな線と、規則正しく並んだ柱が特徴的な外観となっています。パリの街全体も見ても、建物の高さが統一され、広場や通りは左右対称、街全体の色も同じトーンで統一され、店の看板にギラギラとしたネオンは見られません。

　そういったおフランス的な美的センスはファッションにも表れていて、パリの人たちはショッキングピンクや鮮やかな赤、蛍光色といった色はあくまで「差し色」として、Avec parcimonie（ちょこっと）使うもので、200ｍ先からも目についてしまうようなカラフルな装いは好まれません。

4章　パリの服装

当時のスーパースター建築・彫刻家ベルニーニの図案

ルーヴルの現在の東門は童話作家シャルル・ペロー
の兄であるクロード・ペローが建設に関わった

Architecture du Musée du Louvre

ソワレには「黒ワンピ」が1着あればいい

　さて、**フランスのTenue de soirée（トゥニュ・ド・ソワレ／夜の服装）といえば「黒」**です。流行に左右されず、エレガントで、シンプルな色といえば黒とされ、高級レストランでも、オペラの観劇でも、夜にドレスアップする場合は、とにかく黒を着ていれば安心です。

　この「ソワレは黒」というスタンダードの起源は、1920年代に遡ります。その立役者は、そう、あの**ココ・シャネル**ことガブリエル・シャネルなのです。第1次世界大戦後のヨーロッパでは戦争で夫を失ったたくさんの未亡人たちが黒をまとっていました。既成概念を覆す天才だったシャネルは、この未亡人か女中さんか（汚れが目立たないので）修道女の色だった黒を、「最もエレガントな色」に変えてしまったのです。

　1926年に発表した初の**「Petite robe noire」**は、飾り気のないシンプルな長袖の黒いワンピースを、大胆に膝丈まで短くしたもので、当時は大変なスキャンダルとなるとともに、誰もが持ちたがるという意味で「シャネルのフォード（アメリカ製の車）」と評されたそうです。

　ちなみに黒や白といった色を好んだシャネルのインスピレーションの源は、彼女が少女時代を過ごしたフランス中部の山奥にある、飾り気のない無駄を削ぎ落としたシトー派の修道院にあるという説が一般的なのですが、実は16世紀にフランス王家に嫁いできたフィレンツェのメディチ家出身のカトリーヌ王妃の肖像画には、「シャネル風」の要素を発見することができますし、シャネルに多くのインスピレーションを与えたとも聞きます。例えば真珠をふんだんにあしらったドレス、若くして事故死した夫の国王アンリ2世の未亡人となった王妃の喪服など、カトリーヌの肖像画には、シャネル的なゴージャスな装飾と、Sobreな（簡素な）白と黒のコンビネーションを見ることができます。さらにCとC

が背中合わせになったシャネルのロゴの起源もいくつか説があり
ますが、その一つがカトリーヌ・ド・メディシスのエンブレムと
言われます。

　さて、シャネルよりも1世代後、第2次世界大戦後にフランスの
モード界に現れた偉大なるデザイナーといえば、「ニュールック」
と呼ばれる可憐なスタイルを生み出した**クリスチャン・ディオー
ル**です。男性的なパンツルックや、動きやすく、あまり体の線を
強調しないデザインが特徴的なシャネルに対して、ディオールは
ウエストをぎゅっと絞って、女性らしい細い足首を見せ、プリン
セスのようなフワッと広がるお花のようなドレスを流行させまし
た。彼もまたPetite robe noireは、「女性のワードローブに必ずな
くてはならない一着だ」と言っています。

ちょこっと露出＆光沢感を足す

　Petite robe noire（プティット・ローブ・ノワール）は直訳すると、
「ちょっとした黒いワンピース」という意味なのですが、「これさ
え着ればソワレはバッチリ」という、シンプルでありながら自分
の体型や雰囲気に合った、夜のドレスアップ用の黒いワンピース
です。黒いワンピースといってもお葬式に行くようなものではな
く、ミニ丈だったり、スリットが入っていたり、胸元、または背
中にデコルテがあったり、「適度なセクシーさ」を兼ね備えたワン
ピースがソワレには適しています。ランチでは「あまり露出し
ないもの」を着ますが、逆にディナーでは「ちょっと露出」しな
いと粋に見えません。

　私の中での史上最強のPetite robe noireといえば、故ダイアナ
妃の伝説的な「リベンジ・ドレス」です。肩が大きく開いたデコ
ルテのワンピースで、美しく長い膝下は黒のストッキングとヒー
ルです。もちろん、誰にでも着こなせるワンピースではありませ

んが、自分が自信のある部分を上手に露出しながら、下品になることなく、エレガントでセクシーに見せてくれる黒のワンピース。それこそがパリジェンヌが必ず持っていなければいけないPetite robe noireです。

夜に適した色としては、黒の他にも、白、グレー、ネイビーといったsophistiqué（洗練された）、sobre（落ち着いた）色。素材はラメ、スパンコール、ベルベット、シルクなど光沢感があるものをAvec parcimonie（ちょこっと）取り入れる装いが夜のドレスアップに適していると思います。

女性はスカートやワンピースでなければいけないというルールはなく、例えば黒のパンツスーツに透け感のあるブラウスなども素敵です。もしくは質の良いパリッとした白いブラウスの胸元のボタンをいつもより一つ多く開けて、大きめのイヤリングかネックレスをつけます。色気を前面に出すのではなく、suggérer（匂わせる・暗示する）ということです。

もう一つ、重要なポイントは靴です。ソワレでは女性は必ずヒール靴を履きます。もちろん「ヒール靴を履かないと入店を断られる」ということはありませんので、ぺたんこ靴でもエナメルだったり、ラメが入っていたり、光沢感があって華やかに見えるものであれば良いと思います。フランス人女性の中には「ヒールは夜しか履かない」という人も多くいます。ヒール靴を履く＝おめかしなのです。

女性に欠かせないバッグですが、ソワレでは、小さめのバッグやポシェット、クラッチなどを持ちます。たまに高級ブランドだからといって大きいトートを持っている女性を見かけますが、逆にブランド品でなくても、質が良さそうに見える小さなポシェットやクラッチバッグの方が高級店のディナーには適しています。

高級店でのランチでもディナーでも、オペラやディナーショーといったソワレというシーンでも、高級品を身につけなければい

けないわけではありません。明らかに全身高級ブランドで決めたとしか思えないフランス人マダムのワンピースを、翌日ZARAのウィンドーで見かけたということもありました。フランスでも大人気のZARAやMANGOといったファストファッションでも、1万円前後で十分高見えするドレッシーな服や小物はたくさんあります。

　プチプラのブランドでも、高級ブティックでも、一年を通して必ずPetite robe noireを買うことができますので、ぜひパリに来る際は記念に1着お求めになってください。高級店や観劇などの夜のイベントでは、着ているものの値段ではなく、店や劇場の雰囲気を壊さない「浮きすぎないドレスアップ」、そして「無理せずにリラックスして食事や観劇を楽しめる装い」が私はベストだと思います。

　男性のソワレの装いは、ジャケット、シャツ、ズボン、革靴で十分です。ランチでもディナーでも、ネクタイは必要ありません。そのかわり足元はスニーカーではなく革靴にします。ただ、男性の洋服はシンプルなだけにシワやヨレヨレ感が目立ちやすいので、なるべく質の良いものを選んでください。店によっては夜でもシャツ、ジャケット、濃い色のジーンズに革靴というスタイルでも十分です。宮殿のような装飾の、五つ星ホテルの三つ星レストランでもフランス人の男性客はネクタイはしていない人がほとんど。

　Tenue correcte（きちんとした服装）だとか、Tenue de ville（町の服装）でご来店くださいといった注意書きがある場合も、このようなスタイルで十分です。男性の場合も「身につけているものの値段」ではなく、「その場の雰囲気を壊さない印象の服装」であることが大事なので、1足10万円以上のルブタンのスニーカーとグッチのスウェットにジョギングパンツではむしろ入店を断られる場合があります。

　ある三つ星の高級店では、そんな男性客の方々のために、あらゆるサイズの黒いズボンとシャツを用意しているのだとか。また

別の高級店では、カジュアルすぎる装いで来店した客がドレスアップした他の客を見てドギマギしないように、「特別なサロンへご案内いたします」と別室へお連れするのだとか。これはわからないで来てしまったお客様にも食事を楽しんでもらおうという大人の計らいです。

　以上、私が観察してきて思うことを、自称「パリのピーコ」になりすまして偉そうに語らせていただきましたが、どうしても不安な時は直接レストランにメールなどで「どのような服装が良いでしょうか？」と問い合わせるということも可能です。あまり気張らずに、思い出に残る素敵な時間を過ごしてください！

パリで好まれる露出とNGな露出

　日本とフランスでNGとされるファッションにはいくつか違いがあります。そもそも個性重視のおフランスでは、日本的な「恥ずかしいからNG」というものはありません。日本に一時帰国すると、自分ではラフでエフォートレスなパリジェンヌのつもりが母には「だらしがない」「汚い」とダメ出しをされます。友人たちは毎度のことながら「出ました！　露出狂Ryoko！」と温かく迎えてくれますが、「せっかくだから日本で服を買おう」と思うと、色や素材が気に入っても首が詰まりすぎたデザインが「ネック」で断念。

　東京の都心部を歩いていても、ミニスカートの若い女性にはすれ違っても、深いデコルテの方はほとんどお見かけしません。胸元が開いていても、キャミソールなどで鎖骨のすぐ下までカバーされています。日本では鎖骨が見えると色っぽいと聞き、鎖骨は顎の一部という感覚の私は驚きました（笑）。

　というわけで、おフランス（特にパリ）で好まれる露出とNGな露出をご紹介しつつ、「露出度の裏に見るおフランス」を私なりに分析してみました。

日本では門外不出の家宝のように守られ、封印されている女性の胸元ですが、フランスではデコルテは、腕を出すのと大差はありません。ワイシャツならボタンは上から2個外すのがスタンダード、着こなしによっては3個開けもあります。胸元がザックリ開いていたり、ブラジャーの紐が見えたり、チラッとブラジャーが見えてもほとんどの女性たちは気にしません。コロナ禍のロックダウン以降、女性のブラジャー離れが進み、最近は夏でもTシャツ1枚にノーブラという女性が増えてきました。夏にビーチに行けば、トップレスで日焼けをする女性もいます。かと思いきや、公共の場での授乳には文句を言う人もいたりして論争にもなりました。パリ郊外のあの「夢の国」で授乳をしていたお母さんが「園内では授乳しないでください」と注意されたことで大炎上し、夢の国側が公式に謝罪したという一件がありました。

　世代、宗教、文化によって差はあるものの、総じて女性のデコルテは「隠すべきもの」ではなく、鎖骨や肩の滑らかな曲線、胸の膨らみが垣間見られる、女性の体でも最も魅力的なパーツの一つと考えられますし、時と場合によってはデコルテがあった方が良いこともあります。特にディナーや夜の観劇といった**日が暮れてからのイベントやパーティでは、デコルテがある方が華やかでふさわしい**と見られます。

　デコルテの露出を避けた方が良いシチュエーションは、目上の方との会食やビジネス、お葬式や教会のミサなど。日中でもプライベートなランチやショッピングでは問題ありませんが、異性カップルと会う場合は変な誤解を招かないように露出は避けるようにしています。

　適度な色気というものは女性の武器となります。フランスでは女性ならではの魅力を上手にアピールすることは決して下品でも悪いことでもなく、知的な女性にしかなせない高度な業として男性にも女性にも評価されます。ただ色気の盛り方、さじ加減、シ

チュエーションを間違えると下品になり、男性からも女性からも顰蹙を買ってしまいます。料理のスパイスと同じで入れすぎれば不快、少なすぎれば味気がなくなるというバランスの問題です。

　例えば私の場合、腹部から下はボカシを入れたいので視線を上に持っていくためになるべくデコルテを開けます。これは昔テレビでピーコさんがおっしゃっていたと思われることを参考にしているのですが、頭部が大きいので、なるべく首周りはすっきりさせるように気をつけています（笑）。幸運なことに私は胸のボリュームが乏しいので、胸元を開けてもそれほどProvocant（挑発的）に見えません。

　グラマラスな女性たちは、ラッキーに見えて実はエレガントに見える服装選びにはかなり苦労するそうです。胸にボリュームがある女性が谷間がくっきり見える深いデコルテの服を着れば挑発的と判断され、あからさまに男性たちの視線を集めたり、女性たちの冷たい視線が刺さってくるからです。

　デコルテの形や色（胸にボリュームのある方はスクエアのデコルテやシャツなど。派手な色は避ける）、素材（ピッタリしすぎないもの）、どんなボトムスと合わせるか（ミニ丈は避けてメンズ風のパンツやジーンズなど）、デコルテをさらに美しく見せるジュエリーを選んだり、といった全体の着こなしのバランス、さらには立ち居振る舞いやパーソナリティによって、デコルテファッションは吉と出ることも凶と出ることもあります。フランスの女性たちは年齢を問わずデコルテ好きの方、デコルテコーデの達人がとても多いので、街中の素敵な女性たちのデコルテを観察して（聞こえは怪しいですが）、日々研究をしています。

　モードの歴史の中で、フランスでも時代によって出たり隠れたりしてきた女性のデコルテですが、18世紀のロココの時代に「女性の谷間（gorge／ゴルジュ）は宝石」と考えられ、つけボクロで胸元の丸みや白さを強調したり、コルセットでグイッとウエストを締めつけ、胸をプッシュアップしたデコルテ見せファッション

は、ポンパドゥール夫人やマリー・アントワネットの肖像画に見ることができます。

19世紀に入ると大胆なデコルテは消え、産業革命で大量生産されるようになった金具を使ったコルセットで絞りに絞った細いウエストを強調、20世紀に入るとココ・シャネルがスカートの丈を膝下までスパッと切り落とし脚線美をアピール、というように時代の移り変わりとともに女性の体のどのパーツを見せるかが変わっていったのですが、喜ばしいことに現在は自分の好きなパーツを見せることができる時代になりました。

ミニスカートは「性的イメージ」が伴い危険

日本に比べて露出に寛容なおフランスでも、実はミニスカートに関しては若干事情が異なります。フランスでは年齢を問わずミニスカートをはくことには危険が伴い、かなりの勇気が必要です。年齢でNGとされる服はほぼないに等しいのですが、ミニスカートに関しては、ある程度の年齢に達したら避けるという傾向は同じかもしれません。もちろん、「NGかどうかなんて全く気にしない」という女性もいらっしゃるので、中年の女性でもミニスカートで小麦色に焼いた肌を自慢げに見せているお姿は、特にバカンス後の9月に目にすることがありますが…。

故カール・ラガーフェルド氏が「パリで一番の美脚」と称賛したマクロン大統領夫人ブリジットさんが、膝上のミニ丈スカートをお召しになった時にはちょっとしたスキャンダルになり、賛否両論分かれました。「いい歳して、しかも大統領夫人という公人があんなミニ丈をはくものではない！」と珍しく保守的な批判があり、私も「さすがのおフランスもミニスカートにはうるさいのね」と驚いたものです。そういった批判に対してもちろん「脚が綺麗なんだから良いじゃない！」「男尊女卑！」「熟女に対する差別だ！」といったブリジットさん擁護派の意見もありました。好

きなものを好きに着て良い、なんでもありの国おフランスでもやはり「ミニスカ適齢期」というのは暗黙の了解で存在し、30代も半ばを超えたらミニスカ率はぐんと下がります。ミニスカートが綺麗に見える脚は、つるっと張りがある若い肌、そして太ももが擦れないような細い脚でなければいけないという制限があることが、年齢を重ねるにつれて女性がミニスカートを避ける大きな理由ではないかと思います。

しかし最大の理由は、**年齢に関係なくミニスカートについて回る性的イメージ**だと思います。確かに、ある年齢を超えて「健康的な若いセクシーさ」ではなく「熟れたセクシーさ」を醸し出した女性が街中で生脚でミニスカートをはいてしまうと、その道のお仕事の方だと勘違いされ「いくら？」と聞かれてしまいます。

15年以上前の話ですが、パリのデパート街の裏にあるバス停での一コマ。ジーンズのミニスカート、厚底サンダル、タンクトップ、ポニーテールというお姿の50〜60歳の女性が座ってバスを待っていたところ、男性が近づいてきてボソボソッと女性に何かを耳元に呟いたと思ったら女性がすぐさま立ち上がり、金切り声で「クソ親父!!　気持ち悪い！　あっち行け！」と叫びながらバッグで男性を叩いて追い払っていました。おじさんはというと「娼婦みたいな格好してるからだ！」と逆ギレしながらそそくさと去っていきました。パリ生まれパリ育ちの友人に話したところ、事件があったデパート街の裏道は年齢層が高い売春婦の皆さんのテリトリーだったそうで、「服装と場所が悪かったね」と言っていました。

フランスの女性解放と
スカート観の変遷

*La jupe et la liberté
de la femme*

長いスカートは女性の貞操のシンボル

西洋文化では女性の胸は彫刻や絵画にも見られるように、「豊饒のシンボル」「母性のシンボル」で、胸元の露出は性的な意味でのタブーにはなりにくく、キリスト教が世の中のモラルを取り締まっていた15世紀にもすでに流行しています。一方で、女性の脚は遥か昔から長い布で隠され続けてきましたし、21世紀のおフランスでも抵抗感や嫌悪感さえ覚える人がいるのは一体なぜか。

スカートの歴史をザクッとお話しします。ヨーロッパの文化や風習、モラルについて考える時、キリスト教の存在は切っても切り離せません（特にフランスではカトリックの比率が高い）。スカートと何の関係があるかというと、聖書の中で「女性が男装をすること、男性が女装をすること」は堅く禁じられています。今でも「スカートの有無」で男性トイレと女性トイレを識別しますが、ぱっと見で性別を判断するために女性にはスカートの着用が義務づけられていました。

フランスのカトリック教会は1960年代に入るまで、スカートを着用していない女性信者の教会への立ち入りが禁止されていましたし、なんと驚くべきことに1800年にフランスの警察庁が発令した「女性のズボン着用禁止令」が廃止されたのは2013年のことです！　もちろん誰もそんな法があったことなど知りませんし、完全に無視されていましたが…。

スカートは何世紀もの間女性の動きを制限してきました。長い

人類の歴史の中で、女性の服装は全て宗教や男性が治める国のルールで決められてきました。女性に足かせをつけて、閉じ込めておこうという男性支配のシンボルです。そして長いスカートは動きの自由を制限される一方、男性のズボンのように股が隠れません。性器を覆い隠しながらもオープンでアクセスしやすいのです。20世紀になるまで下着のパンツというものは一般に普及はしていませんでしたので、まくれば性器が露わになります。長くてボリューム感のあるスカートは世間の目から性器の存在を忘れさせますが、女性を所有する男性には「女性器へのアクセスが容易」という男性にとって都合の良い服だったわけです。

　20世紀になるまで女性が「脚を見せる」ということは「性行為をする」ことと同義語でした。嫁入り前の女性が脚を見せてしまうと「傷物」になってしまいお嫁に行けなくなってしまうといういわれがあり、長いスカートは女性の貞操のシンボルだったわけです。

　さて、何世紀もの間覆い隠されてきた女性の脚を露わにするミニスカートは、戦後の高度成長期の女性の社会進出に伴なって登場します。スカートの丈が膝上まで上がったことで、ガーターで留めるストッキングは日常生活からは消え、パンティストッキングが一般的になり、スカートでも大股で歩いたり走ったりすることができるようになりました。従来のスカートよりもスポーティで、より活動的になった女性に適した「女性解放運動のシンボル」として多くの女性の支持を得ます。ちょうど同じ時期に女性たちはズボンの着用の自由も求め始めます。「女性が着る服は、女性自身が選ぶべき」と訴えたのです。

　ミニスカートが流行した60年代は、女性の性も解放された時代。「女性の体は男性のものではない」と、避妊・中絶の自由が法で認められるようになりました。

　ミニスカートの生みの親であるイギリス人のマリー・クワント

は「ミニスカートをはくことでこういうメッセージを世の中に伝えているの。『私はセクシーで、セックスが好き。私は挑発的。でも私と一緒になりたければそれなりの努力をしないといけないの』ってね。女性が決定権を持つ時代が来たということ」と語っています。

　ですが残念ながら当時も半世紀を経た現在も、女性に決定権はありません。60年代にもミニスカートをはく女性たちはセクハラや暴行の犠牲となり、警察庁は「女性たちは襲われるリスクを承知の上でミニスカートをはいている」と、犯罪を取り締まる警察が「男性の暴行は避けられないが、ミニスカートの着用は避けられる」と明言したのです。

フランスの若い女子がスカートの着用を避ける理由

　それから40年以上たった2000年代から、フランスの若い女子たちはミニスカートどころか、スカート自体の着用を避けるようになりました。日本の小学6年生に当たる中学校に入ると、女子たちはスカートの着用を避けるようになります。特に移民層が暮らすCité（シテ）と呼ばれる低所得住民の公団では、スカートの着用は命の危険につながります。

「女性らしさをアピールすることは、尻軽女のすることで挑発だ」「スカート＝尻軽女、売春婦」と考える同世代の男子たちにリンチされてしまうのです。男兄弟は姉や妹を守るために、男子のようなスポーティな服装を義務付け、女性らしさを否定することで貞操を守らせる、それが家族の名誉を守ることだと。

　この傾向は大都市の郊外にあるCitéにとどまらず、パリ市内の公立中学や高校でも若い女子生徒たちは暴行のターゲットにされることを恐れ、スカートを着用しなくなりました。そんな中で生まれた、Journée de la jupe et du respect（スカートと尊重の日）と

いう運動は、中学校や高校で男子生徒たちもスカートをはいて「性について」「男女間の平和について」考えようとするものです。Ni putes, ni soumises（娼婦でもない、服従する女でもない）という団体も2003年に結成され、早20年がたちます。

最近では「#MeToo」という運動が世界中に拡大しました。にもかかわらず、未だに「ミニスカートは挑発なのか？」「男性の欲望をかき立てる女性が悪いのか？」「欲望を抑えられない男性が悪いのか？」という議論は「自由・平等・博愛」の国、男女平等の社会を目指す21世紀のおフランスでも、永遠に終わりそうにありません…。公共の場での女性の服装に世の中の意見が介入してくるという状況は、どこの国もいつの時代も同じです。

これは個人的な意見ですが「美しいものを我が物にしたいという欲求」を「美しいものを目で愛でる喜び」に変えるのは教育だと信じています。絵画や音楽や文学を通して、自分の内面世界を満たしながら得られる喜びを教えたり、スポーツにおいても競争ではなく他者との連帯感や、努力が報われる達成感を学ぶことは、社会が潤滑に機能するために想像以上に大切なことではないかと思います。欲求を抑えるのではなく、なんでも手に入れることこそが成功だと教えられ、欲求を満たすことが生きる喜びだと信じている人が多いですが、その実自分の思い通りにならず、欲求不満の人々で溢れる野蛮な世界になってきていると感じます。

「手に入れたくても手に入らない！　思い通りにならない！　ならば力で抑え込もう！」という想像力も知恵もプライドもない男たち、もしくは「宗教の教えで許されるべきではない」と男性の都合で聖典を押しつけ暴力で抑え込もうとする狂信者が年々増えていることは、女性への性的ハラスメントの件数の増加という数値に表れています。

「自由を貫き通す！」と果敢にミニスカートで外出する女性の勇気を讃えたいと思う一方、一人の娘を持つ母親としては、理想を

掲げて身を危険に晒すには今のパリはあまりにもリスクが高すぎると思っています。

　妊娠3ヶ月目のエコーで「女の子ですよ」と告げられた瞬間、私が真っ先に思ったことは「わ〜、女の子！　嬉しい！」ではなく「この子も将来セクハラを受けたり、暴行のリスクを考えながら生きなければいけないんだ」でした。

　女の子の親たちの間では「娘がミニスカートで親の同伴なしに出かけるのは論外」という誰もが心得ている常識、暗黙の了解があります。娘がミニスカートで「友達と一緒に出かける」という日が来たら、ジーンズに着替えるまで玄関のドアから一歩も動きません。もしくはお父ちゃんと一緒に尾行するでしょう。娘には今年から習い始めた空手の黒帯を取得するまではミニスカートの着用は禁じたいと思っています。

　ここまでミニスカート着用の危険性について語り、脅かしておきながら言うのも何ですが、危険を回避しながらおしゃれにミニスカートを着こなす女性もいらっしゃいます。ミニスカートは「セクシー」ではなく「健康的」に見えるように、ヒールではなく、ぺたんこ靴やスニーカーと合わせたり、厚手の黒いタイツや、逆にポップな柄タイツと組み合わせて露出を避けます。ミニスカートもデコルテと同様、目上の人に会う時、特に彼のご両親に初めて会う時やビジネスの場、異性カップルと会う時にも避けた方が無難です。

季節と温度に合わせた服装

　では実際にパリで生活しているパリジェンヌは一体どんな服装なのか。パリならではの季節と温度に合わせた観点からおすすめの服装をお伝えします。もちろん「パリジェンヌ」と一口に言ってもいろんなスタイルの人たちがいます。ここでは「セレブでもなく、モード関係者でもないけど洋服は好きで、特に流行を追うわけではなくベーシックな服が好きなはずなのに毎シーズン新しいものを買いすぎてしまう」平均的な収入の、平均的な生活をしているパリ在住24年の私の普段着を、旅行者の皆様へのアドバイスも交えながら紹介します。

春・秋のMi-saison（中途半端な季節）

　フランスは日本と同じように四季がある国で、パリは日本の北海道とほぼ同じ緯度です。日本にいる感覚でお洋服を選んで頂いて大丈夫なのですが、大きな違いは湿度の低さと朝晩の寒暖差が激しいことです。最近は気候の変動のせいか突然冬の気温から夏日になったりすることもあるので、何月から何月までが春なのか秋なのかわからなくなってきましたが、大体3〜6月が「春めいた」気候で平均気温は8〜18℃、秋は9〜11月頃で平均最高気温は16〜12℃です。

　Mi-saison（ミ・セゾン／中途半端な季節）は、春も秋も大体同じ服装ですが、4月、5月に暖かくなってもまだ日焼けしていない白い脚をなるべく隠し、9月に肌寒くなってもうっすら残った小麦色の肌に映える洋服を着てみたり、という「日焼け肌信仰」の強いおフランスならではのコーデ事情もあるかもしれません。私のコーデ動画でもお話ししていますが、とにかく「衣替えができない国」で、4月でも冬のコートやダウンを着ることもあります。

フランス語に「En avril, ne te découvre pas d'un fil. En mai, fais ce qu'il te plaît.」(4月は薄着をするな。5月は好きな格好で良し)という諺があるように、3月・4月はまだまだ日本の冬のような寒い日が多く、4月になっても冬のコートはクリーニングに出しません。コートをしまうのはだいたい5月下旬か6月です。

久しぶりに4月下旬に帰国した際、偶然出発前のパリの気温と到着日の日本の気温が同じ14℃でした。フランスでは薄いウールのコートが必要な寒さでしたが、日本ではトレンチコートで十分でした。湿気の違いでしょうか、温度と湿度のコンビネーションでこれだけ体感温度が違うものかと仰天しました。

気温10℃前後の季節（3月、11月頃）

3月、11月頃に多い気温で、まだまだ冬のウールのコート→セーターまたはトレーナー→薄い保温下着またはTシャツかシャツが王道のコーデです。私は4月でもウールのコートを着る日が多いですが、「コートは重い！」という方もいると思いますので、軽いダウンコートが便利かもしれません。「パリの方はダウンを着ないと聞いたのですが」とYouTubeのコメント欄で質問を頂いたことがありますが、パリを歩く人たちの7割は（私の勝手な印象ですが）ダウンにジーンズです（笑）。またスカーフ、ストールなど首元の防寒をお忘れなく！

パリっぽいコーデの一例として、トレンチコートの下にセーターではなくウールのジャケットやブレザーを着ることもあります。トレンチコート→ジャケットまたはブレザー→Tシャツかシャツ。ジャケットまたはブレザー→ニットのセーターかトレーナー→シャツまたはTシャツというパターンもあります。

気温20℃前後の季節（4月下旬～5月頃、9月～10月）

　4月下旬から5月頃、最高気温が20℃に近づくと、トレンチコートの他に厚手のコットンのジャケットが活躍し始めます。3年ほど前からすっかりパリジェンヌ・パリジャンたちの間で定着した、昔の男性の作業着をモデルにしたジャケットは、フェミニンなロングスカートでもパンツスタイルでも合うので春秋にとても重宝します。

　気温が20℃に近づくと、ウールのニットの代わりにコットンのセーターやマリニエール（ボーダーTシャツ）を着られるようになりますので、だいぶ身軽になりますし、パリジェンヌらしいコーデが増える季節です。**マリニエールはパリジェンヌの制服！**どんなボトムスにもしっくり合ってしまう魔法のような万能服です。シャネル様とゴルティエ様に感謝しなければいけません。マリニエールは、洋服の数を最小限に抑えなければいけないパリジェンヌ庶民にとっての必需品です。彼女たちの多くは巨大なクローゼットがある広々としたアパルトマンではなく、小さなワンルームのアパルトマンで生活しています。これは都会に住む一般人の共通点ですが、あっという間にクローゼットがいっぱいになってしまうので、持てる洋服の数は限られます。日中のカジュアルから夜のおしゃれ着まで使えるマリニエールは、合理的、機能的なアイテムでもあるのです。コットンのしっかりした生地のマリニエールは、ほぼ一年中使えますがMi-saisonに最も出番が多いアイテムです。

　余談ですが、アメリカの人気ドラマ『エミリー、パリへ行く』の主人公エミリーが住む小さなアパルトマンは典型的なパリの一人暮らしの屋根裏部屋ですが、「あの部屋のどこにあれだけの衣装を詰め込むのか」と思ってしまいました（笑）。

▶▶ 寒暖差の激しいパリで「布トート」は必需品

　朝晩の寒暖差が激しいパリでは、多くのパリジェンヌはあるものを常に持ち歩いています！　それは、**布のトートバッグ**です。冷え込む朝の防寒対策で着ていたコートや、マフラー、ストールなどを日中に携帯するためのトートバッグは一年を通して必需品。

　モノプリなどのスーパーのエコバッグを携帯して、必要であれば出す、という人もいれば、自分の気に入ったブランドのデザイン性のある布トートを必ず持っていて、そこに化粧ポーチや本、折りたたみ傘といったかさばるものを入れ、脱いだコートやジャケットを詰め込み、貴重品は肩から斜めがけのバッグ。というスタイルがとてもポピュラーで、私もその一人です。エコロジーのために再利用できる布のトートバッグを有料で販売するお店が増え、各ファッションブランドもデザイン性を競っておしゃれなトートを販売したり、プレゼントしたりするというマーケティング方法が人気を呼び、街中のトート人口はここ数年で激増しました。私のYouTube動画やInstagramでも紹介しているお気に入りのパリ発ブランド、セザンヌ（Sézane）は、新作を買うとトートバッグをプレゼントしてくれます。無料で配られるものですが、デザインによっては、メルカリのようなサイトで50ユーロ以上で販売されることも！　パリを歩けばセザンヌの柄トートを持っているパリジェンヌを必ず見かけます。

新作を買うともらえるセザンヌの布トートバック

▶▶ パンストはNGファッション

　ボトムスはというと、私の場合春秋はほぼ毎日ジーンズやコットンのパンツで、スカートの出番はあまりありません。というのも、「何でもあり」なおフランスでもFashion faux pas（ファッション・フォー・パ／ファッションのNG）とされ、日本では大変ポピュラーなあるものを身につけないからです。それは、肌色ストッキング、パンスト！

「冷えは女性の大敵」なので、真夏でもクーラーの効いた日本ではストッキングを着用する女性が多く、生脚は若者の特権で、大人の女性はストッキングをはくことがエチケットのようですが、おフランスでは肌色のストッキングは忌み嫌われています。一般人であれば超高級ホテルやレストランのスタッフといった「清潔感重視のサービス業」をする女性に限定され、それ以外では大統領夫人、王族の方々といった公人が公式の場に出席するために身につけるものというイメージです。どんなに青紫の脈が浮き出ていようと、**肌色ストッキングではなく生脚！　もしくは黒のストッキングかタイツが主流です。**

　というわけで生脚でスカートをはくにはまだ肌寒いけど、タイツでは暑いという春先はほとんどパンツコーデになります。そして先述のように「白い脚は恥ずかしい」という女性が多いおフランスでは、生脚スカートルックは暖かくなって日焼けした後に、または　Autobronzantという日焼け肌に色づけてくれるクリームを塗って楽しみます。これは習慣の違いなので、普段ストッキングをはき慣れている人は「フランスではパンストは禁物！」と生脚で冷えないように、決して無理はしないでください。逆に私のようにパンスト恐怖症の方は、パンストなし生脚ライフを思う存分満喫を！

4章　パリの服装

▶▶ バレエシューズはMi-saisonの定番

「おしゃれは足元から」と言いますが、確かに「いつ、どこで、誰と、何をするかによって」コーディネートを決める時に、私はまず靴選びから始めることが多いです。私はほぼ一年の半分を5～7センチヒールのショートブーツかブーツで過ごしています。まれにスニーカー、または気温が20℃に近づくMi-saisonには、どんなシーンでも素敵に見えるパリジェンヌの定番アイテム、**バルリーヌ（ballerines／バレエシューズ）**が活躍します。気温が少し上昇すると「長い長い冬が終わって夏が近づいてきたなあ」と足元から開放的になり、春は4月でもサンダルをスタンバイさせます。つまり…Mi-saisonのクローゼットにはサンダルもブーツも、Tシャツもウールのコートも共存するので、大混雑してしまうというわけなのです。

▶▶ パリジェンヌのスニーカー熱

　パリジェンヌは若者から熟女までスニーカーが大好き！　若者が使うフランス語にÊtre bien dans ses baskets（自分のスニーカーの中で良い状態）、つまり「自信を持って精神的に安定した状態のこと」という表現にあるように、胸を張って早足でパリを闊歩するパリジェンヌたちのスニーカー率の高さに驚くと思います。ジーンズはもちろん、タイトスカートなどにも上手に合わせている人が多く、すっかりパリジェンヌの定番アイテムとなっています。パンツスーツや、スーツのジャケットにジーンズと汚れていないスニーカーというコーデなら星付きのレストランのランチでも使えます。スニーカー＝カジュアルという概念はもはや過去のもの。着こなしによってはとてもエレガントでこなれたコーデになるものだと町のパリジェンヌたちが教えてくれました。

気温25℃以上（6月21日〜7月頃）

　パリの夏は6月21日の夏至の日にやってきます。一年で最も日が長い一日というあくまで天文学的な意味での「夏の到来」なので、実際に「あー夏だー！」という天気かどうかは毎年変わってきます。夏至の日は、フランス中の道端、広場、カフェでアマチュアやプロのライブが催される、Fête de la musique（フェット・ド・ラ・ミュージック／音楽祭の日）でもあります。夜遅くまでフランス中に音楽が溢れる楽しい夜なのですが、Tシャツにジャケットで出かけて震えたこともあれば、下着のようなワンピースでも暑かったという記憶もあります。

　6〜8月までが夏とされ、一日の平均気温は18〜20℃ですが温暖化の影響で、特に7月と8月は最高気温が30℃を超える日も年々増えてきましたし、最高気温が40℃に達する日もあります。日本の夏と大きく違うのは「湿度の低さ」と「寒暖差の激しさ」そして「クーラーがない」という3点です。

　最高気温が25℃前後という真夏の私のコーデはいたってシンプル。上はコットンのシャツを腕まくり、Tシャツかタンクトップとジーンズ、朝晩の羽織りものとしてコットンのジャケットかカーディガン。もちろん日中に上着を入れるためのトートバッグを持ち歩きます。そして気温が25℃に近づくと、ようやくスカートの出番が増えてきます。足元はほぼ毎日サンダルです。サンダルはしっかりしたヒールの歩きやすいものやサボなど、もしくはぺたんこのものです。そして、最近の真夏のパリジェンヌの足元にはビルケン旋風が巻き起こっています。どの足を見てもとにかくビルケンシュトック（Birkenstock）！　パンツスタイルにも、ショートパンツにも、スカートにも、気温が25℃前後の夏日になると皆さんコレ！　私も何タイプか揃えて町用・バカンス用と使い分けています。

そして日差しが強い真夏のパリで欠かせないアイテムといえば
サングラスです。どうやらヨーロッパの日差しの強さは湿度に関
係があるそうなのですが、とにかく赤ちゃんからお年寄りまで夏
はサングラスで目を守ります。

　また、私は真夏に団体ツアーの皆様をヴェルサイユ宮殿に案内
する際には、必ず日傘兼用の折りたたみ傘を持参していました。
入場までに陰一つないカンカン照りの宮殿の入り口で待たねばな
らず、熱中症で倒れる旅行者の方が毎年何人も救急車で運ばれま
す。ガイドを始めた頃はそれを知らずに日焼け止めを軽く塗った
程度でしたので、見事に「ヴェルサイユのシミ」ができました。
太陽王の宮殿を真夏に訪問される場合は、帽子や日傘など熱中症
対策をお忘れなく！

30℃前後の真夏日（8月頃）

　年々夏の最高気温が上昇するパリですが、日本と違いクーラー
がありません。「寝苦しいほど暑い夜なんて一年に1〜2回しかな
いし」なんてつい最近まで言っていましたが、最近は1〜2週間
ほど寝苦しい熱帯夜があります。それでも多くのパリジャンはな
るべくクーラーという誘惑にはなびかないと抵抗しています。我
が家もそうですが、パリの古い石造りの建物は涼しい朝晩に窓を
開け、日中は鎧戸と窓を閉め、太陽光線と熱気が室内に入らない
ようにしておけば、夕方帰宅した際に家の中は外よりも涼しいの
で、真夏でもクーラーなしでなんとか乗り切ることができます。
「クーラーは体にも環境にも良くない」というクーラー嫌いのパ
リジャンも多く、バスの運転手でも冷房が完備されているにもか
かわらず「俺はクーラーで風邪はひきたくねえ！　夏は暑くて
当たり前だ！」とあえて冷房を入れず、乗客は蒸し風呂に耐える
という状況が何度もありました。「運転手さんは窓の横だからい
いけど、こっちは少ししか窓が開かないから風も吹いてこないん

ですけど」なんて言おうものなら「文句があるなら降りろ」と言われそうなので、蒸し風呂の暑さと汗のにおいに耐える、もしくは途中下車して歩きます。というわけで、30℃を超えるような真夏日は「クーラー冷え」することもないので、海辺に行くような装いで出かけ、上着さえ持たないことがほとんどです。

長い冬（11月下旬〜3月初旬）

　パリの冬は11月下旬から3月初旬頃。最高気温が10℃に達しない月が4ヶ月ほど続き、雨や曇りの日も増えてきますので、パリジャンたちもドンヨリし始めます。私はフランス映画を日本で見てパリに憧れて来た外国人なので、この「鉛色のドンヨリした天気とアンニュイなパリジャンたち」こそ「パリだわ〜」と感じます。そしてパリの街には夏服よりも冬服の方が合うと思っているので、パリらしい冬のコーデを考えるのも楽しみの一つ。

　冬にカフェで温かいショコラやホットワインを飲んだり、天気が悪いからこそ美術館に長居したり、「せっかくお天気が良いから外で何かしよう」というプレッシャーもなく屋内でぬくぬくできるというのも、冬ならではの心地よさのように感じます。

　さて、冬でも日本とさほど服装は変わらないのですが、冬もまた湿度の低さが大きな違いで、同じ温度でも日本よりさらに寒く感じるでしょう。そしてパリの冬はとにかく乾燥します。服装とは関係ありませんが、冬にご旅行される方は使い慣れた保湿クリームやリップのご準備はもちろんですが、部屋も暖房でカラッカラになりますので、夜喉が渇いて目が覚めてしまったり、朝起きたら声が掠れたりするほど。水を入れたコップを枕元に置いたり、洗濯物を干したり、睡眠中もマスクをつけるなどの対策も必要。

真冬の定番コーデ

　私は一年のうち約4ヶ月は「ヒートテックなどの保温下着→セーター→コート」の3層で過ごしています。手持ちのコートは5着です。【薄手】…黒いジャケット、メンズライクなネイビー、ガウン風のベージュ。【厚手】…黒のボイルドウール、中綿入りメンズのミリタリー風、の5着です。セーターにも薄手のものと厚手のものがあり、気温によって、その日の予定によって、肌着＋セーター＋コートの組み合わせを変えていきます。パリの屋内は暖房が効いていてとにかく暑いので、真冬でもアルパカ混のようなモコモコの厚手のセーターの下に厚手のヒートテック、さらにコートだと汗だくになります。

▶▶ フランス人と日本人では体感温度が違う!?

　話はそれますが、西洋人と東洋人では平熱が違う（西洋人の平熱は37℃）ように、汗のかき方も違うような気がします。湿度の高い国で生まれると、熱を発散する機能が高いらしく、「暑い」と思ったらすぐに汗が出るのだそうで、真冬でもたくさん歩いた後にメトロに乗ると私だけ玉のような汗をかいています（笑）。ちなみにこれは若い頃からで、更年期直前に始まった現象ではありません。パリが最も寒い月は1月。もちろん年によって暖冬のこともありますが、最強のトリオ「ヒートテック→厚手のモコモコセーター→厚手のコート」のパターンは1月や2月に限ります。一日中外出する日は足元から冷え込むので、厚手のパンツ→タイツ→靴下→羊毛の中敷で防寒です。日本では「使い捨てカイロ」という素晴らしいアイテムが気軽に安く手に入るので、腰に足に思う存分貼ると良いと思います。

旅のおすすめ
ベストシーズン

Bonnes périodes pour venir à Paris

いつ旅行するのがおすすめかと
聞かれることがあるのですが、
様々な観点があるので、項目をまとめてみました。
ぜひ参考に！

《1・2月》

● 元日はほぼ全ての施設が閉まります。
● 第2水曜日に秋冬物のセール（Soldes／ソルド）スタート。最近は1週間ほど前からSoldes privés（ソルド・プリヴェ／プライベートセール）が始まる店も多く、顧客ではなくても値下げ可能。
● 観光客が少ないので、有名な観光スポットや美術館をゆっくり見ることができます。
● 2月はフランスの冬休み。国を3つのゾーンに分けて、開始日を1週間ずらしながら2週間の冬休みに（2025年はBゾーンが2月8日〜、Cゾーンが2月15日〜、Aゾーンが2月22日〜）。

《3・4月》

● 少しずつ日が伸びてきますが、まだまだ寒い時期。
● 復活祭のバカンスも冬休みと同じく3ゾーンに分かれます（2025年はBゾーンが4月5日〜、Cゾーンが4月12日〜、Aゾーンが4月19日〜、それぞれ2週間の春休み）。
● 街路樹に葉がつき始め、花が咲き始めます。

《5・6月》

● 5月はフランスやヨーロッパの他国もゴールデンウィークのように祝日が重なるので、夏のバカンスに匹敵するほどの大混雑。混雑が予想される有名な施設は朝の予約をおすすめします。

● 5月はマロニエの花が咲き、青空の日が増えてきます!

● 6月は夏日も増えてきてカフェのテラスも賑わい、日焼け活動に勤しむパリジェンヌたちを見かけるようになります。

● 南仏に足を延ばす人のベストシーズンが、夏のバカンス突入前の6月下旬。泳げるくらい暖かく、大量のバカンス客が押し寄せる前の静けさを満喫でき、しかもラベンダーの季節です。

● 6月21日の夏至の日は、フランス各地で音楽祭の日（Fête de la musique）。道端やカフェ、コンサートホールで、アマチュアからプロまであらゆるジャンルのコンサートが催されます。

● 6月の最終水曜日に春夏物のセール（ソルド）がスタート。

《7・8月》

● 7月上旬からいよいよ2ヶ月の夏休みがスタート! 夏休みは全国一斉に始まります。

● 7月14日の革命記念日を皮切りにJuilletiste（ジュイエティスト）と呼ばれる「7月バカンス組」の出発が始まります。

● 8月はバカンスで2週間ほど閉店するお店が急増。人気店ほど容赦なく閉めるので（笑）、SNSやメールなどでの確認を。

● 最もパリからパリジャンが消えるのは8月15日の聖母被昇天祭（カーンズ・ウット）以降の2週間です。「パリからパリジャンがいなくなってホッとする」という捻くれ者のパリジャンも多く、あえてこの時期にパリに残る人も。

● バカンスで人がいなくなるので、パリ・パリ近郊のメトロやバスの本数も減ります。

●夜10時頃まで明るく、テラスが深夜まで賑わい、開放的なムードに。野外映画祭や野外コンサート、パリ・プラージュ（セーヌ河岸がビーチに変貌します）などバカンスに行かなくても楽しめるイベントが増えます。

《9・10月》

●9月の第1週は、新学期の始まりで、「バカンス日焼け自慢週間」。バカンスで小麦色に焼けた肌を（すぐに白く戻ってしまうので）、ここぞとばかりに学校や会社でお披露目する1週間です。
●最近はÉté indien（エテ・アンディアン／インディアンサマー）といって、暦の上では秋でも夏日という日が増えてきました。
●葡萄の収穫期、そして牡蠣が美味しくなってくる季節です。
●10月の下旬から2週間全国一斉に秋休み!
●マロニエの葉が色づいたパリもまた美しく、まだ本格的な冬に突入する前なので過ごしやすくおすすめのシーズンです。

《11・12月》

●少しずつ寒さが厳しくなりますが、11月は最もツーリストが少ない月の一つなので落ち着いて観光することができます。
●年々Noël（ノエル／クリスマス）シーズンのスタートが早くなっていますが、最近はハロウィンが終わった翌日にはクリスマスの飾りつけが始まります（笑）。
●日が短くなり、11月の20日前後になるとクリスマスのイルミネーションが始まります。クリスマスが近づくにつれて週末はクリスマスプレゼントを買い求める人たちで店が混み始めます。
●クリスマス・イヴと大晦日は早めに、クリスマス当日はほとんどの施設が閉まりますが、観光都市パリですので、飲食店は営業している店が多いのでご心配なく。

チップ事情

La question du pourboire

**チップについて聞かれることが多いのですが、
フランスではチップは義務ではありません。
以下ケースごとにお話しします。**

タクシーのチップ

　相場は5〜10％と言われていますが、もらったお釣りの中から端数を切り上げたくらいの小銭を渡すというのが一般的。しかし、これは決して義務ではありません。

　ちなみに、パリには闇タクシーが横行していますので要注意。正規のタクシーでは、空港から右岸へは56ユーロ、左岸へは65ユーロ、左岸からパリ=オルリー空港までは36ユーロ、右岸からは44ユーロと定額料金が決まっています。

　空港では必ず正規のタクシー乗り場から乗車し、声をかけてくる闇タクシーには乗らないようにしましょう。必ずタクシー乗り場で乗車するか、ホテルにタクシーを呼んでもらうのが安全です。

　近年は行き先や運転手の評価がチェックでき、予め値段がわかるウーバーが普及していますが、私も帰宅が遅くなる時はタクシーよりもウーバーを利用しています。

ホテルでのチップ

　ポーターには荷物1個につき1ユーロ、部屋のクリーニング担当には1日1ユーロです。コンシェルジュには、お願いしたサービスによりますが、「予約が困難なレストランの予約をしてくれ

た」「オペラのチケットを取ってくれた」といったサービスなら、30ユーロとも50ユーロともそれ以上とも言われます。高級ホテルでは部屋に案内してくれ細々と説明してくれる担当がいますので、彼らには少なくともお札を渡すとスマート。最低でも5ユーロ、できれば10ユーロ札を用意していると便利。もちろんこれも義務ではありません。

クリーニング係には「枕元に小銭を置く」という話を聞きますが、ある高級ホテルでは部屋にあった現金を勝手に持っていかれたと窃盗容疑をかけられるのを避けるために、枕元に置いた小銭はナイトテーブルに置くように決められているそうです。チップは部屋にあるメモ帳やレターセットにMerciと一言書いたメモを添えて宿泊日数分をナイトテーブルに置くと良いでしょう。

飲食店のチップ

フランスでは1985年から条例で飲食店での会計は「サービス料込み」となったため、チップは義務ではありません。カフェやレストランでは「気持ちの良いサービスを受けた」と思ったら会計額の5〜10％程度置いていくのが慣習ですが、10％以上置いていくという人もいれば、全くチップを置かない人もいます。

チップは会計の際に置いていくものなので、出さなかったからといって良いサービスを受けられないというわけではありません。私は、カフェなどで感じが良かったなと思ったら、アロンディール（端数を切り上げ）しています。例えばコーヒーが2.7ユーロなら3ユーロ払って、お釣りを置いていくという具合です。

会計の何％という計算をせずに、小銭があれば置いていくという場合もあります。「感じが良かったな」と感じたら各自が持っているコインを置いていくということがほとんどです。ただカフェは別として、レストランでは最低でも1ユーロコインを置いていきます。セントしかない場合は逆に何も置いていきません。

唯一、私がパーセンテージを気にするのは星付きの高級店です。ミシュランの星付き高級レストランでは、料理だけではなくサービスも店の評価の重要なポイントになりますので、最上級のサービスが期待できますが、例えばランチで100ユーロなら10%のチップというと10ユーロになります。「100ユーロも奮発したんだから、もう10ユーロくらい大したことはない」と思ってチップを残すか、「100ユーロも払ったんだからもう十分でしょ」と考えるかは本当に人それぞれ。正解はありません。

チップを置くか置かないかは各自の収入に関係なく、それぞれのポリシーによるので、良家の出身で高収入の方でも絶対にチップを残さない人もいますし、私の友人で生活保護を受けているシングルマザーは、ウエイトレスをしていた経験があるので、どんな店に入っても必ず10%以上のチップを置いていきます。

2023年のイギリスのThe Guardian紙によると、レストランでチップを置いていく人はフランス人で34%、イギリスは55%、ドイツは72%、スペインはフランスと同じようにサービス料込みでも44%、スウェーデンは31%、イタリアは24%だそうです。最近は「小銭がないから」とチップを置かない客向けに、チップの%を選べるカード支払いの機械が登場し、物議を醸しています。

世界一の観光都市パリには、チップを強要する「ツーリストの罠カフェ・レストラン」もあるため注意が必要です。以前、シャンゼリゼの某ムール貝のチェーン店でお客様にご馳走頂いた際、会計時のレシートに手書きで「チップ10%」と加算されていました。これは詐欺行為です。もちろん「店長呼んでこーい!」と抗議しましたが、私がフランス語を話すと知り、一瞬ギョッとした後、シレッと「あ、これは間違いですので新しいレシートをお持ちします」とレシートを破かれたことも。

劇場のチップ

「チップは義務ではない。サービスが良ければ渡す」というフランスですが、客がほぼ100%チップを渡す場所があります。それが劇場です。劇場で席案内をしてくれるウヴルーズ（Ouvreuse）と呼ばれる人たちには最低でも1ユーロを渡します。

　なぜ席案内係にはチップを渡すのかというと、「彼らはチップがお給料代わりだから」です。オペラ・ガルニエのような国立の劇場では、席案内係もお給料をもらっているので、カフェと同じように、チップを渡さない人の率も増えますが、通常の劇場ではチップを渡すことがほぼ慣習になっています。

「もっと良い席が空いていたら替えてほしいと頼みやすい」ということも、客がチップを渡す背景の一つかもしれません（席を替えてもらえるかは定かではありませんが）。

　というわけで、普段はそれほどチップのことを気にしない私も、観劇をする際は必ず小銭を用意しておくようにしています。

絶対に覚えたい
フランス語

一昔前に比べて、カタコトの英語や翻訳機を使って
コミュニケーションがとりやすい時代になりましたが、
以下のワードだけはフランス語で言えるように
練習することをおすすめします！

●「Bonjour ボンジュー / Bonsoir ボンソワー」
（こんにちは/こんばんは）
　入店時に必ず挨拶を。明らかに対応が変わります！

●「Au revoir オルヴォワー」（さようなら）
　お店ならメルシーでも大丈夫。知らないうちにドロンは失礼と
されます。

●「S'il vous plaît シル・ヴ・プレ」（お願いします。英語のプリーズ）
　オーダーの際は必ずつけましょう!!　日本語で指差しながら
「これください。シル・ヴ・プレ」でも良いです（笑）。

●「Merci メルシー」（ありがとうございます）
　惜しみなく使ってください。必ず喜ばれます！

●「Pardon パードン」（すみません）
　日本語の「すみません」と同じ使い方で、声をかける時や謝る
時に使えます。

パリMap

Plan de Paris

パリ1〜20区

①シャンゼリゼ大通り（凱旋門→コンコルド広場）

Avenue des Champs-Élysées

②ルーヴル ▶ パリ市庁舎

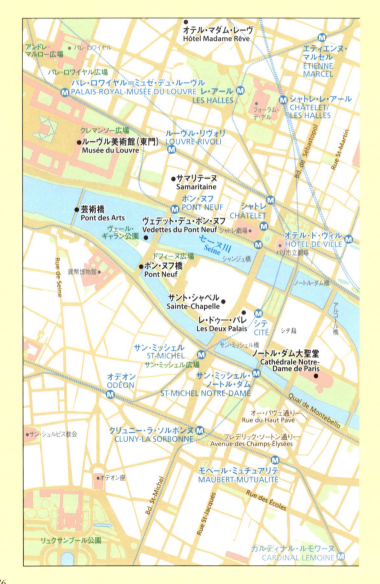

Musée du Louvre
≫ Hôtel de Ville

③ サン・ジェルマン・デ・プレ Saint-Germain-des-Prés

④ ルーヴル ▶ オペラ座　Musée du Louvre ≫ Opéra Garnier

⑤ ルーヴル ▶ モントルグイユ通り

Musée du Louvre
≫ Rue Montorgueil

⑥エッフェル塔

Tour Eiffel

⑦モンマルトル

Map内の赤点線はP46〜59で紹介している散策コースです

Montmartre

おわりに

Mot de la fin

　世界から「旅行」というアクティヴィティが消えた2020年、フランス政府公認ガイドとして忙しくも充実した毎日を過ごしていた私は、コロナ禍で突然の失業に追い込まれました。

　背水の陣に立たされたおかげで、昭和生まれのアナログガイドがなんとか手探りでパリを紹介するYouTubeチャンネルを開設したところ、なんと多くの方々から声援を頂き、2023年には「本の出版」というチャンスに恵まれました。恥やコンプレックスを捨てても書いてみようと決意したのは、あまり語られることのなかった「普通のフランス・普通のフランス人」の日常を知ってもらい、誇張された「セレブで高飛車なイメージ」を変えたいと考えたから。「おフランス」と皮肉と愛情を込めて呼びつつも、愛してやまないこの国や国民に親近感を抱いてもらえたらという願いでした。

　そんな私の「独り言本」が多くの方々の共感を得ることができ、「人生って何があるかわからないものだなあ」と感慨にふけっていた矢先に、なんと2冊目の依頼が飛び込んできました。「何を書いたら良いものか…」と悩

んでいた私に答えをくれたのは、いつも動画を楽しみにしてくれている視聴者の皆様でした。

「Ryokoさんのガイド本が読みたいです」「動画の内容を本にまとめてください」という声に応えて、「やはりガイドとして旅行者の皆様に役に立てること、知っていたら旅が面白くなる小話を、目一杯本に詰め込もう！」と、今作では私なりのガイド本を作ることができました。

私は遅咲きの歴史・美術愛好家です。30歳を過ぎてフランス政府公認ガイドのライセンス取得の講座に通い、フランス・パリの歴史や、それまで「どこから手をつけて良いかわからなかった」西洋美術を学び始めました。

私は歴史研究家でも美術評論家でもありませんが、「熱烈なパリ・ラヴァー」です。歴史や美術のベースを知ることができたおかげで、パリという街がますます魅力的に見えてきました。一つ新しいことを知ると、まるで幻想的な霧に包まれたパリの街灯が一本灯されるかのように。もしもこの本が数本の街灯となって、皆様のパリ滞在をより味わい深いものとなるお手伝いができれば幸いです。

そして前作に続き、今回もパリ在住の友人たちの貴重な体験談や意見も参考にしながら、美化することも、逆にセンセーショナルに、オーバーに脅かすこともないように、正直に、私や仲間たちが見ている、生活しているパリの様子をお伝えしようと書いたつもりです。

このおせっかいガイドの虎の巻をきっかけに、皆様が

よりパリ・フランスに好奇心を抱くきっかけとなりましたら、これほどうれしいことはありません!

　YouTube動画を楽しみにしてくださっている視聴者の皆様、私の背中を力強く押してくれたり、慰めてくれる大学の仏文科パリ支部の仲間たちや家族、KADOKAWAのチームの皆様、「パリのトイレ事情」でご協力頂いた「トイレのヨーコさん」こと宮田陽子さん、そして中学生の時にガイドブックを立ち読みさせてくれた寛容な本屋さんに、心から感謝の気持ちを送ります。

Ryoko Paris Guide

執筆にも協力してくれたアミコお母ちゃんは笑いの天才

YouTubeでも日常でも協力を惜しまない同級生たち

Ryoko *Paris Guide*

フランス政府公認パリガイド。2000年に単身渡仏し、在24年。翻訳業などを経て現職。フランス人の夫と一人娘との3人暮らし。YouTubeチャンネル「Ryoko Paris Guide」は、登録者数9万人超（2024年9月現在）と大人気。パリの歴史や社会事情、最新トレンドに関する豊富な知識・知見、パリ愛＆ユーモア溢れる独自の視点によるエッセイが話題となる。著書に『フランス人は生きる喜びを知っている 人生に貪欲なパリジャンに囲まれてみつけた小さな幸せ』(KADOKAWA)がある。

お父ちゃん
夫。娘にぞっこん。心優しきお調子者。

アンナ
娘。食べ物で機嫌が良くなるのは母親譲り。

STAFF
撮影	● Ryoko Paris Guide
デザイン	● 若井夏澄 (tri)
DTP	● 山本秀一、山本深雪 (G-clef)
地図製作	● 川村裕美（ジェイ・マップ）
校正	● 麦秋アートセンター
企画・編集	● 鈴木聡子

在24年の仏政府公認ガイドがこっそり教える
パリを旅する虎の巻

2024年11月13日　初版発行

著者　Ryoko Paris Guide

発行者　山下 直久

発行　株式会社KADOKAWA
〒102-8177　東京都千代田区富士見2-13-3
電話0570-002-301 (ナビダイヤル)

印刷所　大日本印刷株式会社
製本所　大日本印刷株式会社

無断複製 (コピー、スキャン、デジタル化等) 並びに
無断複製物の譲渡および配信は、著作権法上での例外を除き禁じられています。
また、本書を代行業者等の第三者に依頼して複製する行為は、
たとえ個人や家庭内での利用であっても一切認められておりません。

●お問い合わせ
https://www.kadokawa.co.jp/ (「お問い合わせ」へお進みください)
※内容によっては、お答えできない場合があります。
※サポートは日本国内のみとさせていただきます。
※Japanese text only

定価はカバーに表示してあります。

© Ryoko Paris Guide 2024 Printed in Japan
ISBN 978-4-04-607256-6 C0095